200 recettes
micro-ondes
pour maigrir

**Catalogage avant publication
de Bibliothèque et Archives Canada**

Marineau, Jean-Marie

    200 recettes micro-ondes pour maigrir

    2ᵉ édition

    (Collection Alimentation)

    ISBN 978-2-7640-1432-5

    1. Régimes amaigrissants – Recettes. 2. Régimes hypocaloriques – Recettes. 3. Cuisine au four à micro-ondes. I. Titre. II. Titre: Deux cents recettes micro-ondes pour maigrir. III. Collection.

RM222.2.M415 2009   641.5'635   C2008-942510-3

© 2009, Les Éditions Quebecor
Une compagnie de Quebecor Media
7, chemin Bates
Montréal (Québec) Canada
H2V 4V7

Tous droits réservés

Dépôt légal: 2009
Bibliothèque et Archives nationales du Québec

Pour en savoir davantage sur nos publications,
visitez notre site: www.quebecoreditions.com

Éditeur: Jacques Simard
Conception de la couverture: Bernard Langlois
Illustration de la couverture: Dreamstime/Istock

Imprimé au Canada

DISTRIBUTEURS EXCLUSIFS:

• Pour le Canada et les États-Unis:
MESSAGERIES ADP*
2315, rue de la Province
Longueuil, Québec J4G 1G4
Tél.: (450) 640-1237
Télécopieur: (450) 674-6237
* une division du Groupe Sogides inc.,
filiale du Groupe Livre Quebecor Média inc.

• Pour la France et les autres pays:
INTERFORUM editis
Immeuble Paryseine, 3, Allée de la Seine
94854 Ivry CEDEX
Tél.: 33 (0) 4 49 59 11 56/91
Télécopieur: 33 (0) 1 49 59 11 33

**Service commande France
Métropolitaine**
Tél.: 33 (0) 2 38 32 71 00
Télécopieur: 33 (0) 2 38 32 71 28
Internet: www.interforum.fr

**Service commandes Export –
DOM-TOM**
Télécopieur: 33 (0) 2 38 32 78 86
Internet: www.interforum.fr
Courriel: cdes-export@interforum.fr

• Pour la Suisse:
INTERFORUM editis SUISSE
Case postale 69 – CH 1701 Fribourg – Suisse
Tél.: 41 (0) 26 460 80 60
Télécopieur: 41 (0) 26 460 80 68
Internet: www.interforumsuisse.ch
Courriel: office@interforumsuisse.ch

Distributeur: OLF S.A.
ZI. 3, Corminboeuf
Case postale 1061 – CH 1701 Fribourg – Suisse

Commandes: Tél.: 41 (0) 26 467 53 33
Télécopieur: 41 (0) 26 467 54 66
Internet: www.olf.ch
Courriel: information@olf.ch

• Pour la Belgique et le Luxembourg:
INTERFORUM editis BENELUX S.A.
Boulevard de l'Europe 117,
B-1301 Wavre – Belgique
Tél.: 32 (0) 10 42 03 20
Télécopieur: 32 (0) 10 41 20 24
Internet: www.interforum.be
Courriel: info@interforum.be

Gouvernement du Québec – Programme de crédit d'impôt pour l'édition de livres – Gestion SODEC.

L'Éditeur bénéficie du soutien de la Société de développement des entreprises culturelles du Québec pour son programme d'édition.

Nous reconnaissons l'aide financière du gouvernement du Canada par l'entremise du Programme d'aide au développement de l'industrie de l'édition (PADIÉ) pour nos activités d'édition.

Dr Jean-Marie Marineau

200 recettes micro-ondes pour maigrir

Maintenir son poids idéal

2e édition

LES ÉDITIONS
Quebecor
Une compagnie de Quebecor Media

REMERCIEMENTS

Je tiens à remercier Hélène Nadeau pour son excellente collaboration et pour l'aide précieuse qu'elle m'a apportée dans l'expérimentation des recettes de ce livre.

SOMMAIRE

Avant-propos................................. 11

Introduction................................. 13

Avertissement 14

Le maintien 16

Les choses pratiques 17

La technique 18

Petit déjeuner pour le régime de 500 calories ... 19

Choix de petits déjeuners pour les régimes de
800, 1000 et 1200 calories 19

Le régime de 500 calories.................... 21

Le régime de 800 calories.................... 103

Le régime de 1000 calories................... 185

Le régime de 1200 calories................... 261

Index des recettes 341

AVANT-PROPOS

Ce livre s'adresse avant tout aux personnes qui désirent perdre leur excès de poids rapidement par la méthode du **JEÛNE PROTÉINÉ.**

Cette technique, qui doit être suivie seulement sous surveillance médicale, peut s'appliquer de trois façons:

1. Le jeûne protéiné intégral
Les personnes qui utilisent ce régime ne mangent absolument rien de la journée et se nourrissent uniquement de protéines végétales. Les recettes de ce livre ne leur sont donc pas utiles au départ. Par contre, elles leur seront très profitables au moment de la réalimentation et de la rééducation alimentaire.

2. Le jeûne mitigé
Cette méthode est aussi rapide que le jeûne protéiné intégral. Elle lui ressemble en ce sens que les gens qui l'adoptent ne mangent strictement rien de la journée, tout en absorbant des protéines prédigérées. Ces derniers ont toutefois droit à un repas léger le soir. Les recettes de ce livre peuvent leur être extrêmement utiles. Les personnes qui utilisent ce régime sont en effet libres de choisir n'importe quel repas dans les menus de 500 calories.

3. Le 500 calories
Cette technique d'amaigrissement est également rapide. Elle autorise malgré tout trois repas par jour complétés par un apport en protéines prédigérées. Comme il est difficile de cuisiner trois repas par jour qui totalisent 500 calories, j'ai pensé vous proposer 50 recettes à la fois simples à réaliser et délicieuses à goûter. Vous les trouverez dans les menus à 500 calories.

Comme je l'avais fait dans mon livre: *Recettes de gourmets pour maigrir seul ou avec l'aide de votre médecin,* j'ai divisé ce recueil de recettes en quatre sortes de régime:

— le 500 calories

— le 800 calories

— le 1000 calories

— le 1200 calories

11

INTRODUCTION

Ce livre a été conçu pour celles et ceux qui, un jour, ont eu la détermination de se prendre en mains pour éliminer le surplus de graisse qu'ils avaient accumulé au fil des mois et des années. Ces gens qui ont eu la force et le courage de changer des choses dans leur vie en prenant la décision de maigrir ont droit au respect des professionnels de la santé qu'ils vont consulter pour les aider à atteindre leur but. Le rôle particulièrement important du médecin qui prend en charge une personne obèse est fondamental pour la réussite du traitement.

Cinq conditions sont nécessaires pour assurer cette réussite:

1. Le médecin doit fournir un soutien moral à son patient. La motivation est une force étonnante qui a parfois besoin d'être stimulée. Le médecin et son équipe ont cette obligation.

2. Le médecin doit éviter la monotonie des régimes en suggérant à son patient de nouveaux modes de cuisson et de nouvelles recettes. Personne ne consentira à manger un steak-salade jusqu'à la fin de sa vie pour soi-disant maigrir et rester mince. Le rôle du médecin est de fournir à son patient les moyens d'aller chercher ses joies alimentaires tout en restant mince.

3. Le médecin doit éliminer complètement la faim chez son patient. En effet, il est impossible en 1987 qu'un thérapeute ne puisse suggérer à son patient une méthode qui n'enlève pas complètement la faim. Depuis la découverte du professeur George Blackburn, de l'École de médecine de l'Université Harvard, nous savons que le jeûne protéiné permet de façon sûre et sans danger de supprimer entièrement la faim. Par ailleurs, le docteur Stunkard a démontré depuis longtemps qu'une personne ayant plus de 10 kilos (22 lb) à perdre n'avait que 5% de chance d'atteindre son poids normal en utilisant les régimes à perte lente comme les basses-calories ou les régimes équilibrés.

4. Le médecin doit assurer la rapidité de la perte de poids pour permettre à son patient de conserver sa motivation. Il est impossible aujourd'hui de suggérer à un patient de perdre 50 kilos (110 lb) par les régimes de basses-calories puisque, théoriquement, nous savons que cela prendrait deux ans et qu'il est impossible de maintenir une motivation aussi longtemps. Seul le jeûne protéiné peut garantir avec sécurité une perte de poids rapide : 2 kilos (4 à 5 livres) par semaine.

5. Le médecin et son équipe doivent fournir à leur patient tous les moyens pour l'aider à passer à travers la période la plus critique de son traitement: la stabilisation. Celle-ci devra durer au moins deux ans sans quoi le patient aura 95% de chance de retourner à son poids initial.

AVERTISSEMENT

Maigrir est une chose sérieuse et lorsqu'on a décidé de retrouver son poids idéal, on ne doit pas utiliser n'importe quel moyen. Perdre des kilos c'est bien, c'est même souhaitable, mais il ne faut pas perdre la santé en même temps. Plusieurs conditions sont nécessaires pour maigrir en pleine forme et sans danger.

1. La première chose à faire lorsque vous avez pris une telle décision, c'est d'aller consulter votre médecin. Faites-lui part de vos intentions. Dans un premier temps, il vous soumettra à un questionnaire médical et à un examen physique, lesquels seront complétés par des tests de laboratoire et, dans certains cas, par un électrocardiogramme. C'est à la suite de cette investigation que votre médecin vous proposera un régime qui sera adapté à votre condition et à vos besoins. Si nécessaire, il vous référera à une diététiste.

2. La première chose à ne pas faire, c'est de vous composer vous-même un régime. Nous, les médecins, entendons souvent les gens nous dire : « J'ai maigri, je me suis fait un régime. » Ou bien « J'ai maigri, j'ai coupé. » Mais à quel prix ? Si vous avez coupé, comme vous le dites, n'avez-vous pas coupé des choses essentielles au bon fonctionnement de votre organisme ? Avez-vous pensé que si vous n'avez pas mangé suffisamment de protéines votre peau aura vieilli avant le temps et que vos muscles se seront amollis ? Réfléchissez ! Quand votre voiture est en panne, vous n'allez pas voir votre dentiste pour la réparer. Soyez logique. Quand votre corps va mal et qu'il souffre d'une maladie aussi grave que l'obésité, allez voir des professionnels de la santé. Vous n'êtes pas médecin, diététiste ou nutritionniste. Laissez votre problème de santé entre leurs mains. Vous avez tout à gagner.

3. Si vous avez l'intention de suivre un des régimes à perte de poids rapide que je vous propose dans ce livre, n'oubliez pas qu'il s'agit d'un traitement médical. Cette méthode de perte de poids est efficace et sans danger à condition que vous soyez suivi par un médecin et son équipe de façon hebdomadaire. Avant et au cours de cette perte de poids rapide, vous devrez passer souvent des examens. Ne faites surtout pas l'erreur de suivre un jeûne avec des protéines incomplètes ou les pseudo-protéines que les gens peuvent se procurer un peu partout. N'oubliez pas que vos muscles ont besoin de protéines de haute qualité pour conserver leur intégrité. Votre cœur étant un muscle, vous avez intérêt à être prudent lorsque vous prenez la décision de maigrir. Donc, si vous avez l'intention de suivre un jeûne protéiné, adressez-vous à votre médecin.

4. Si vous avez moins de 10 kilos (22 lb) à perdre et que vous désiriez suivre un régime à perte lente comme le 800 ou le 1000 calories, ne le faites pas seul. Consultez toujours votre médecin avant de commencer puisque ces diètes ne sont pas complètes. Vous devrez leur ajouter des protéines, des vitamines et des sels minéraux.

5. Finalement, si vous choisissez de maigrir très lentement à l'aide du 1200 calories, vous pouvez le faire seul parce que ce régime est parfaitement équilibré. Cependant, vous avez toujours intérêt à consulter des professionnels de la santé. Vous bénéficierez de leurs conseils et de leur expérience.

LE MAINTIEN

Maintenir son poids, c'est avant tout réfléchir et comprendre qu'il est inutile de commencer un traitement amaigrissant si, au départ, vous n'avez pas consenti à manger différemment. Il faut en effet bien se mettre dans la tête que les aliments qui, un jour, vous ont fait grossir pourront éventuellement vous ramener à votre poids initial même si vous avez atteint une taille de guêpe ou un corps merveilleusement proportionné.

Manger différemment ne veut pas nécessairement dire mal manger, bien au contraire. D'ailleurs, vous verrez dans les pages suivantes que je vous propose 200 recettes délicieuses, économiques et faciles à réaliser qui vous permettront d'atteindre rapidement votre poids et d'y rester.

Perdre des kilos est relativement facile, conserver son poids est une tout autre chose. Même après avoir perdu 25 kilos (55 lb), il est impossible de maintenir un poids idéal si on ne consent pas à suivre une période de rééducation alimentaire et de modification du comportement pendant deux ans avec son médecin ou une diététiste. Ceux qui n'acceptent pas cette loi sont voués à un échec certain. En effet, il y a quelques années, dans les milieux scientifiques américains, il a été démontré que si la période de maintien de deux ans n'était pas faite à la fin d'une cure d'amaigrissement, les chances de réengraisser étaient énormes : 95 % avec une possibilité de 8 % en plus.

Le but principal de la période de maintien est de permettre au patient d'acquérir de nouvelles habitudes alimentaires et d'adopter un nouveau comportement devant les aliments. Le rôle du médecin et de son équipe est de personnaliser le régime de maintien pour qu'il devienne une façon naturelle de se nourrir.

Les menus de 500 calories font partie, nous l'avons vu, des pertes de poids rapides. Je voudrais aussi souligner l'importance des diètes de 800, 1000 et 1200 calories puisqu'elles sont la base des régimes de transition et de maintien. En effet, ils servent à l'adaptation progressive à un plus grand nombre de calories. Si vous choisissez de perdre votre poids excédentaire par une méthode rapide, il ne faut pas oublier que, pendant cette période, votre corps devient comme une machine rouillée, c'est-à-dire déshabitué à transformer des aliments en énergie. C'est pourquoi, lorsque vous vous réalimentez, il faut le faire progressivement sans sauter les étapes, sinon vous réengraisserez.

Pour maintenir votre poids, comptez sur vous-même, bien sûr, mais aussi sur votre équipe médicale qui vous orientera, vous guidera, vous encouragera tout au cours de vos efforts pour maintenir votre poids.

16

LA TECHNIQUE

Toutes les recettes de ce livre ont été mises au point à l'aide d'un four à micro-ondes dont la puissance maximale, à code 10 (température élevée), est de 700 watts.

Comme tous les fours n'ont pas la même puissance, le temps de cuisson peut varier. Si vous avez un four dont la puissance est inférieure à celui-ci, vous devez augmenter votre temps de cuisson de quelques secondes surtout pour les aliments dont la texture est plus dense, comme le bœuf. Voici les niveaux de puissance dont vous devrez tenir compte dans les recettes de ce livre:

TEMPÉRATURE ÉLEVÉE   code 10

TEMPÉRATURE MOYENNE-ÉLEVÉE   code 8 à 9

TEMPÉRATURE MOYENNE   code 6 à 7

TEMPÉRATURE MOYENNE-FAIBLE   code 4 à 5

TEMPÉRATURE FAIBLE   code 3

LES CHOSES PRATIQUES

1. **Le temps de repos:** certaines recettes en demandent un. Il est donc préférable de laisser reposer certains plats car leur cuisson continue même une fois sortie du four.

2. **Les ustensiles:** ils ont leur importance. En réfléchissant les ondes, le métal empêche la cuisson. Il est donc préférable d'utiliser des plats de pyrex, de céramique ou des plats carrément conçus pour les fours micro-ondes.

3. **Le couvercle:** il est souvent nécessaire de couvrir certains plats pour la cuisson. Le couvercle du plat peut très bien faire l'affaire, sinon une pellicule de plastique (papier Saran) convient parfaitement.

4. **Le piquage:** pour éviter l'éclatement de certains aliments, il est recommandé de les piquer. Tous les légumes et les fruits cuits en entier avec leur pelure naturelle ainsi que l'œuf font partie de cette catégorie.

5. **La coloration:** pour les viandes, il s'agit de les badigeonner d'un peu de sauce soja ou Worcestershire ou de consommé à basses-calories pour leur donner une belle couleur. Quant aux légumes, ils conservent leur couleur naturelle.

PETIT DÉJEUNER POUR LE RÉGIME DE 500 CALORIES

(75 g) 2½ oz de fromage Ricotta ou Cottage

ou

(30 g) 1 oz de fromage cheddar ou suisse

ou

1 œuf cuit sans gras

ou

(200 g) 7 oz de yogourt nature à moins de 1% de matières grasses (Silhouette, Light'n Lively, Sealtest)

1 tranche de pain de blé entier ou 4 toasts Melba de blé entier

1 café décaféiné ou 1 thé sans sucre.

N.B. : Les succédanés du sucre sont permis. 3 c. à soupe de lait à 2% sont permises par 24 heures.

CHOIX DE PETITS DÉJEUNERS POUR LES RÉGIMES DE 800, 1000 ET 1200 CALORIES

PETIT DÉJEUNER No 1

1 verre de jus d'orange non sucré (110 ml ou 4 oz)

1 œuf brouillé sans gras

1 tranche de pain de blé entier ou 4 toasts Melba de blé entier

1 café décaféiné ou 1 thé sans sucre

PETIT DÉJEUNER No 2

½ pamplemousse

30 g (1 oz) de fromage cheddar ou suisse

1 tranche de pain de blé entier

1 café décaféiné ou 1 thé sans sucre

PETIT DÉJEUNER No 3

1 orange

1 bol de céréales (Corn Flakes ou Rice Krispies) avec lait écrémé à 2 % *LAIT*

1 café décaféiné ou 1 thé sans sucre

PETIT DÉJEUNER No 4

1 pomme

75 g (2½ oz) de fromage Ricotta ou Cottage

1 tranche de pain de blé entier

1 café décaféiné ou 1 thé sans sucre

PETIT DÉJEUNER No 5

3 pruneaux cuits non sucrés

1 bol de céréales (Shredded Wheat) avec lait écrémé à 2 % *LAIT*

1 café décaféiné ou 1 thé sans sucre

PETIT DÉJEUNER No 6

1 verre de jus de pamplemousse non sucré (110 ml ou 4 oz)

1 œuf rôti sans gras

1 tranche de pain de blé entier

1 café décaféiné ou 1 thé sans sucre

PETIT DÉJEUNER No 7

1 mandarine

1 bol de céréales (blé soufflé) avec lait écrémé à 2 %

1 café décaféiné ou 1 thé sans sucre

RÉGIME DE

500

CALORIES

RÉGIME 500 CALORIES

DÎNER

Cocotte de poulet vania
Salade de concombre

SOUPER

Steak à la chinoise
Salade de radis

COCOTTE DE POULET VANIA

Ingrédients: 45 g (1½ oz) de poulet cuit, coupé en dés

1 oeuf

5 tranches de tomate

Sel et poivre

Une pincée de romarin

Préparation: • Dans un ramequin, déposer les tranches de tomate. Ajouter les morceaux de poulet.

• Casser l'œuf sur le tout et assaisonner de sel et de poivre.

• Saupoudrer de romarin.

• Mettre au four à micro-ondes, sans couvrir, à Cuisson-Temps pendant 50 à 60 secondes, c'est-à-dire selon la consistance désirée.

• Laisser reposer 1 minute.

SALADE DE CONCOMBRE

Ingrédients: 160 ml (2/3 tasse) de concombre

15 ml (1 c. à soupe) de jus de citron

Sel et poivre

Un peu de persil frais haché

Préparation: • Peler le concombre, enlever les grains et l'émincer.

• Faire dégorger avec un peu de sel (15 minutes). Égoutter.

• Dans un bol à mélanger, mettre le concombre, le jus de citron, le sel et le poivre.

• Dresser sur une feuille de laitue et parsemer de persil frais.

• Servir.

STEAK À LA CHINOISE

Ingrédients: 100 g (3½ oz) de steak minute coupé en lanières

160 ml (2/3 tasse) de légumes émincés: céleri, oignon, piment, champignons

5 ml (1 c. à thé) de sauce soya

1 pincée de gingembre râpé

Préparation: • Dans un plat pour micro-ondes, déposer les légumes sauf les champignons.

• Mettre au four, à couvert, à Cuisson-Temps pendant 3 minutes à code 10 (TEMPÉRATURE ÉLEVÉE).

• Ajouter les autres ingrédients et bien mélanger.

• Couvrir et remettre au four à micro-ondes à Cuisson-Temps pendant 1 minute à code 10 (TEMPÉRATURE ÉLEVÉE).

• Laisser reposer 3 minutes et servir.

SALADE DE RADIS

Ingrédients : 2 feuilles de laitue

4 radis

1 petite échalote verte hachée

15 ml (1 c. à soupe) de jus de citron

1 pincée de ciboulette

Sel et poivre

Préparation : • Bien laver la laitue, l'assécher et la défaire en morceaux dans un saladier.

• Ajouter les rondelles de radis.

• Ajouter l'échalote ainsi que le jus de citron.

• Bien mélanger et assaisonner.

• Au moment de servir, ajouter la pincée de ciboulette hachée.

DÎNER

BROCHETTE SURPRISE

SOUPER

Quiche aux fruits de mer
Haricots verts à la tomate

BROCHETTE SURPRISE

Ingrédients : 30 g (1 oz) de cubes de poulet cuit

30 g (1 oz) de fromage (emmental, cheddar)

60 g (2 oz) de piment vert en cubes

4 têtes de champignons moyens

Préparation :
- Enfiler sur une brochette de bois un cube de piment vert, de poulet, de champignon, de fromage coupé en petits cubes et ainsi de suite.

- Mettre au four à micro-ondes à Cuisson-Temps pendant 1½ minute à code 10 (TEMPÉRATURE ÉLEVÉE) ou jusqu'à ce que le fromage soit fondu.

- Servir sur une feuille de laitue.

QUICHE AUX FRUITS DE MER

Ingrédients :   15 g (½ oz) de crabe haché

15 g (½ oz) de crevette hachée

5 ml (1 c. à thé) d'oignon haché

15 ml (1 c. à soupe) de lait écrémé

15 ml (1 c. à soupe) de fromage mozzarella partiellement écrémé

1 œuf

1 pincée de paprika

Sel et poivre

Quelques feuilles d'épinard

Préparation : • Dans un plat pour micro-ondes, déposer les feuilles d'épinard.

• Mettre au four à Cuisson-Temps pendant 1 minute à code 10 (TEMPÉRATURE ÉLEVÉE).

• Laisser refroidir et égoutter.

RÉGIME 500 CALORIES

- Tapisser le fond d'un moule à quiche avec les épinards.

- Faire cuire les crabes et les crevettes à couvert à Cuisson-Temps pendant 30 secondes à code 10 (TEMPÉRATURE ÉLEVÉE).

- Ajouter les autres ingrédients sauf le fromage.

- Déposer le mélange dans le moule à quiche.

- Saupoudrer de fromage.

- Mettre au four à micro-ondes à Cuisson-Temps pendant 2 minutes à code 7 (TEMPÉRATURE MOYENNE-ÉLEVÉE).

HARICOTS VERTS À LA TOMATE

Ingrédients : 160 ml (2/3 tasse) de haricots verts

1 petite tomate rouge coupée en quartiers

2 ml (½ c. à thé) de persil

60 ml (¼ tasse) d'eau

Sel et poivre

Préparation : • Déposer dans un plat pour micro-ondes les haricots avec l'eau, couvrir et mettre au four à Cuisson-Temps pendant 8 minutes à code 10 (TEMPÉRATURE ÉLEVÉE).

• Laisser reposer 5 minutes.

• Durant le temps de repos, ajouter les quartiers de tomate, le persil, le sel et le poivre.

• Recouvrir.

• Servir.

DÎNER

Foie de veau aux légumes
Haricots jaunes aux herbes

SOUPER

Oeuf poché à la florentine

FOIE DE VEAU AUX LÉGUMES

Ingrédients : 100 g (3½ oz) de foie de veau

30 ml (2 c. à soupe) de piment émincé

15 ml (1 c. à soupe) d'oignon émincé

75 ml (5 c. à soupe) de consommé de bœuf à basses-calories

1 ml (¼ c. à thé) d'origan

Préparation : • Dans un plat pour micro-ondes, déposer les légumes émincés et les mettre au four à Cuisson-Temps pendant 2 minutes à code 10 (TEMPÉRA-TURE ÉLEVÉE).

• Ajouter les autres ingrédients.

• Remettre au four pendant 2 minutes à code 10 (TEMPÉRATURE ÉLEVÉE).

• Laisser reposer 4 minutes avant de servir.

HARICOTS JAUNES AUX HERBES

Ingrédients :   125 ml (½ tasse) de haricots

60 ml (¼ tasse) d'eau

1 ml (¼ c. à thé) de fines herbes

3 g (½ c. à thé) de bouillon de poulet déshydraté sans gras

Préparation : • Laver les haricots et les couper en deux.

• Dans un plat pour micro-ondes, déposer tous les ingrédients.

• Mettre au four, à couvert, à Cuisson-Temps pendant 9 minutes à code 10 (TEMPÉRATURE ÉLEVÉE).

• Laisser reposer 5 minutes avant de servir.

OEUF POCHÉ À LA FLORENTINE

Ingrédients :   750 ml (3 tasses) d'eau

7 ml (½ c. à thé) de vinaigre

1 œuf

200 ml (2/3 tasse) d'épinards bien tassés

15 ml (1 c. à soupe) de yogourt nature

15 ml (1 c. à soupe) de fromage râpé

Préparation :
- Dans un plat pour micro-ondes, verser l'eau et le vinaigre et mettre au four à Cuisson-Temps pendant 2 minutes à code 10 (TEMPÉRATURE ÉLEVÉE).

- Casser l'œuf dans le liquide et remettre au four, à couvert, à Cuisson-Temps pendant 1½ minute.

- Laver les épinards et couper les queues. Les déposer dans un plat pour micro-ondes et mettre au four à Cuisson-Temps pendant 2 minutes à code 10 (TEMPÉRATURE ÉLEVÉE).

RÉGIME 500 CALORIES

- Égoutter et hacher les épinards.

- Garnir un petit bol à gratin avec les épinards et y déposer l'œuf.

- Napper de yogourt nature et saupoudrer de fromage.

- Mettre au four à Cuisson-Temps pendant 20 à 30 secondes à code 10 (TEMPÉRATURE ÉLEVÉE).

DÎNER

Poulet Alexandra
Salade de tomate

SOUPER

Bœuf aux légumes

POULET ALEXANDRA

Ingrédients: 75 g (3 oz) de poulet

15 ml (1 c. à table) d'oignon émincé

60 ml (¼ tasse) d'eau

2 g (¼ c. à thé) de bouillon à l'oignon déshydraté sans gras

3 pointes d'asperges pour la garniture

Sauce: 3 tiges d'asperges réduites en purée

15 ml (1 c. à soupe) de yogourt nature

15 ml (1 c. à soupe) de fond de cuisson du poulet

Préparation: • Dans un plat pour micro-ondes, déposer le morceau de poulet sans peau, l'oignon, l'eau, le bouillon à l'oignon et mettre au four, à couvert, à Cuisson-Temps pendant 3 ½ minutes à code 7 (TEMPÉRATURE MOYENNE-ÉLEVÉE).

RÉGIME 500 CALORIES

- Laisser reposer 4 minutes.

- Faire une purée avec les tiges d'asperges et garder les têtes pour la garniture. Si elles sont fraîches, les mettre au four à Cuisson-Temps pendant 8 minutes à code 10 (TEMPÉRATURE ÉLEVÉE) avec un peu d'eau.

- Mélanger la purée avec le yogourt et le fond de cuisson. Saler très peu et poivrer.

- Déposer la poitrine sur un plat de service.

- Napper de cette sauce et garnir de pointes d'asperges.

SALADE DE TOMATE

Ingrédients : 1 tomate moyenne

3 rondelles d'oignon minces

Persil haché frais

Une feuille de laitue

Préparation : • Laver la tomate et la couper en tranches.

• Déposer celles-ci dans une assiette sur la feuille de laitue.

• Ajouter les rondelles d'oignon et une pincée de persil.

• Napper avec la vinaigrette.

Vinaigrette : 15 ml (1 c. à soupe) de vinaigre de vin

5 ml (1 c. à thé) de yogourt nature

Une pincée de moutarde sèche, sel et poivre

Préparation : • Mélanger tous les ingrédients.

BOEUF AUX LÉGUMES

Ingrédients: 75 g (3 oz) de bœuf maigre en cubes

160 ml (2/3 tasse) de légumes suivants: piment, oignon, céleri, chou, brocoli, chou-fleur

250 ml (1 tasse) d'eau

6 g (1 c. à thé) de bouillon de bœuf déshydraté sans gras

Poivre

Préparation: • Dans un plat pour micro-ondes, déposer la viande et mettre au four à Cuisson-Temps pendant 4 minutes à code 7 (TEMPÉRATURE MOYENNE-ÉLEVÉE).

• Ajouter l'eau et le bouillon et remettre au four à Cuisson-Temps pendant 6 minutes à code 7 (TEMPÉRATURE MOYENNE-ÉLEVÉE).

• Ajouter les légumes à la viande et continuer la cuisson encore 8 minutes à code 7 (TEMPÉRATURE MOYENNE-ÉLEVÉE).

• Laisser reposer 5 minutes avant de servir.

DÎNER

Soupe au poulet
Tomate farcie au thon

SOUPER

Brochette de veau

SOUPE AU POULET

Ingrédients :   15 g (½ oz) de poulet

375 ml (1½ tasse) d'eau

30 ml (2 c. à soupe) de céleri coupé en dés

5 ml (1 c. à thé) de piment coupé en dés

5 ml (1 c. à thé) d'échalote verte hachée

1 ml (¼ c. à thé) de basilic

6 g (1 c. à thé) de bouillon de poulet déshydraté sans gras

Poivre au goût

Préparation : • Dans un plat pour micro-ondes, déposer les légumes déjà coupés et mettre au four à couvert à Cuisson-Temps pendant 1 minute à code 10 (TEMPÉRATURE ÉLEVÉE).

• Ajouter l'eau, le bouillon de poulet, le basilic et le poulet coupé en dés.

• Mettre au four à couvert à Cuisson-Temps pendant 4 minutes à code 10 (TEMPÉRATURE ÉLEVÉE).

• Poivrer après la cuisson.

TOMATE FARCIE
AU THON

Ingrédients : 1 tomate moyenne

60 g (2 oz) de thon

30 ml (2 c. à soupe) de céleri en dés

15 ml (1 c. à soupe) d'échalote verte ou d'oignon

5 ml (1 c. à thé) de yogourt nature

1 feuille de laitue

Persil

Sel et poivre

Préparation : • Laver la tomate et en couper la partie supérieure.

• La vider à l'aide d'une cuillère et la retourner pour l'égoutter.

• Durant ce temps, mélanger les ingrédients et les assaisonner.

• Remplir la tomate de cette farce et remettre le chapeau (le dessus) de la tomate.

• Dresser sur une feuille de laitue et un bouquet de persil frais.

BROCHETTE DE VEAU

Ingrédients :   100 g (3½ oz) de filet de veau

2 carrés de piment

2 quartiers de tomate

3 rondelles de courgette (petite)

2 champignons

1 pincée de chacune des fines herbes suivantes : origan, cerfeuil, basilic, estragon, assaisonnement à l'italienne

22 ml (1½ c. à soupe) de vinaigre de vin

15 ml (1 c. à soupe) de sauce Worcestershire

Poivre en grain moulu

Préparation : • Couper la viande en 4 morceaux et les déposer dans un bol avec tous les autres ingrédients afin de les faire mariner toute la journée ou un minimum de 2 heures.

• Après les avoir laissé mariner, en faire une brochette en les alternant avec les légumes.

RÉGIME 500 CALORIES

- Il ne faut pas oublier de prendre une brochette en bambou.

- Mettre au four à Cuisson-Temps pendant 2 minutes à code 10 (TEMPÉRATURE ÉLEVÉE). Retourner la brochette de côté durant la cuisson.

- Laisser reposer 3 minutes avant de servir.

DÎNER

Soupe au chou
Steak haché surprise
Salade saisonnière

SOUPER

Aiglefin bonne-femme
Céleri en jardinière

SOUPE AU CHOU

Ingrédients : 160 ml (2/3 tasse) de chou haché

15 ml (1 c. à soupe) d'échalote hachée

30 ml (2 c. à soupe) de feuilles de céleri hachées

310 ml (1¼ tasse) d'eau

45 ml (3 c. à soupe) de jus de tomate

6 g (1 c. à thé) de bouillon à l'oignon déshydraté sans gras

1 ml (¼ c. à thé) de thym

Sel et poivre

Préparation :
- Dans un plat pour micro-ondes, déposer les légumes.
- Couvrir et mettre au four à Cuisson-Temps pendant 2 minutes à code 10 (TEMPÉRATURE ÉLEVÉE).
- Ajouter tous les autres ingrédients.
- Couvrir et remettre au four à Cuisson-Temps pendant 10 minutes à code 10 (TEMPÉRATURE ÉLEVÉE).
- Laisser reposer 3 à 4 minutes avant de servir.
- Vérifier l'assaisonnement.

STEAK HACHÉ SURPRISE

Ingrédients: 100 g (3½ oz) de bœuf haché maigre

15 ml (1 c. à soupe) de champignon haché

15 ml (1 c. à soupe) d'oignon haché

1 pincée de cerfeuil

1 pincée d'origan

1 pincée d'estragon

1 pincée de ciboulette

Préparation: • Dans un bol, mélanger tous les ingrédients.

• Façonner une galette.

• Dans un plat pour micro-ondes, déposer la galette et mettre au four à Cuisson-Temps pendant 40 secondes à code 10 (TEMPÉRATURE ÉLEVÉE). La tourner au milieu de la cuisson.

• Laisser reposer 1 minute avant de servir.

• Servir avec un petit bouquet de cresson (facultatif).

SALADE SAISONNIÈRE

Ingrédients: 2 feuilles de laitue

1 radis en rondelles

1 lanière de piment vert en dés

1 tomate cerise en quartiers

1 tranche de concombre coupée en dés

Sel et poivre

Persil haché

Préparation: • Mélanger tous les ingrédients.

• Ajouter la vinaigrette.

• Saler très peu et poivrer.

Vinaigrette: 5 ml (1 c. à thé) de yogourt nature

1 ml (¼ c. à thé) de vinaigre de vin

Persil haché

Préparation: • Mélanger tous les ingrédients et ajouter à la salade.

AIGLEFIN BONNE-FEMME

Ingrédients : 90 g (3 oz) de filet d'aiglefin

¼ du jus d'un citron

2 champignons émincés

15 ml (1 c. à soupe) d'oignon haché

15 ml (1 c. à soupe) de yogourt nature

Poivre en grain

Préparation : • Dans un plat pour micro-ondes, déposer le filet d'aiglefin.

• Ajouter les légumes.

• Arroser de jus de citron.

• Couvrir et mettre au four à Cuisson-Temps pendant 2 minutes à code 10 (TEMPÉRATURE ÉLEVÉE).

• Laisser reposer 3 minutes.

• Dresser le filet sur un plat de service.

• Mélanger le yogourt au jus de cuisson.

RÉGIME 500 CALORIES

- Napper le filet de cette sauce.
- Saupoudrer d'une tombée de poivre en grain concassé.
- Servir avec des quartiers de citron.

CÉLERI EN JARDINIÈRE

Ingrédients: 160 ml (2/3 tasse) de bâtonnets de céleri

3 g (½ c. à thé) de bouillon de bœuf déshydraté sans gras

60 ml (¼ tasse) d'eau

Sel et poivre

Préparation: • Faire des bâtonnets de céleri et les déposer dans un plat pour micro-ondes avec les autres ingrédients.

• Couvrir et mettre au four à Cuisson-Temps pendant 8 minutes à code 10 (TEMPÉRATURE ÉLEVÉE).

• Laisser reposer 5 minutes.

• Assaisonner et servir.

DÎNER

Crème de tomate
Sole Doria
Sauce rosée

SOUPER

Steak au poivre
Asperges flamandes
Sauce flamande

CRÈME DE TOMATE

Ingrédients: 625 ml (2½ tasses de tomates moyennes en conserve

5 ml (1 c. à thé) de pâte de tomates

2 ml (½ c. à thé) de ciboulette hachée

2 ml (½ c. à thé) d'origan

15 ml (1 c. à soupe) d'oignon haché

250 ml (1 tasse) d'eau

Sel et poivre

Persil haché

Préparation:
- Dans un plat pour micro-ondes, ajouter tous les ingrédients sauf le persil, le sel et le poivre.
- Mettre au four à Cuisson-Temps pendant 5 minutes à code 10 (TEMPÉRATURE ÉLEVÉE).
- Passer au mélangeur (blender) pour obtenir une crème lisse.
- Saler très peu et poivrer.
- Garnir de persil avant de servir.

SOLE DORIA

Ingrédients :   90 g (3 oz) de filet de sole

10 tranches de concombre

5 ml (1 c. à thé) de jus de citron

5 ml (1 c. à thé) de sauce Worcestershire

1 ml (¼ c. à thé) de thym

1 ml (¼ c. à thé) de persil frais

15 ml (1 c. à soupe) d'oignon émincé

Préparation : • Dans un plat pour micro-ondes, déposer le filet de sole.

• Ajouter tous les autres ingrédients.

• Mettre au four à couvert à Cuisson-Temps pendant 2½ minutes à code 10 (TEMPÉRATURE ÉLEVÉE).

• Laisser reposer 3 minutes.

• Déposer le poisson dans une assiette et napper de la sauce rosée.

SAUCE ROSÉE

Ingrédients: 5 ml (1 c. à thé) de sauce tomate en conserve

15 ml (1 c. à soupe) de yogourt nature

Estragon

Préparation: • Mélanger le yogourt à la sauce tomate.

• Mettre au four à Cuisson-Temps pendant 20 secondes à code 10 (TEMPÉRATURE ÉLE-VÉE).

• Ajouter une pincée d'estragon.

STEAK AU POIVRE

Ingrédients : 70 g (2½ oz) de steak (filet ou faux-filet)

Sauce Worcestershire

Poivre noir en grains.

Préparation :
- À l'aide d'un pinceau, badigeonner le steak des deux côtés avec la sauce.

- Saupoudrer de poivre moulu; bien faire adhérer à l'aide de la main.

- Mettre au four à Cuisson-Temps pendant 30 secondes à code 10 (TEMPÉRATURE ÉLEVÉE). (Le steak sera médium-saignant.)

ASPERGES FLAMANDES

Ingrédients: 6 asperges

60 ml (¼ tasse) d'eau

Préparation:
- Laver les asperges et en couper la partie blanche.
- Les déposer dans un plat pour micro-ondes (les plus grosses asperges vers l'extérieur).
- Ajouter l'eau.
- Cuire à couvert à Cuisson-Temps pendant 8 minutes à code 10 (TEMPÉRATURE ÉLEVÉE).
- Laisser reposer 3 minutes.
- Dresser les asperges et napper de la sauce flamande.

SAUCE FLAMANDE

Ingrédients: ½ jaune d'œuf cuit dur écrasé

15 ml (1 c. à soupe) de yogourt nature
Light N'Lively

15 ml (1 c. à soupe) d'eau de cuisson des asperges

1 ou 2 gouttes de vinaigre

Sel et poivre

Préparation: • Mélanger le jaune d'œuf, le yogourt, le vinaigre et l'eau de cuisson des asperges.

• Saler très peu et poivrer.

DÎNER

Poulet à l'estragon
Salade d'épinards

SOUPER

Piment farci

POULET À L'ESTRAGON

Ingrédients :   100 g (3½ oz) de poitrine de poulet

15 ml (1 c. à soupe) d'estragon

60 ml (¼ tasse) d'eau

3 g (½ c. à thé) de bouillon de poulet déshydraté sans gras

Préparation : • Dans un plat pour micro-ondes, déposer la poitrine de poulet désossée.

• Ajouter l'estragon, l'eau et le bouillon de poulet.

• Couvrir et mettre au four à Cuisson-Temps pendant 3½ minutes à code 7 (TEMPÉRATURE MOYENNE-ÉLEVÉE)

• Laisser reposer 5 minutes et servir.

SALADE D'ÉPINARDS

Ingrédients : 150 ml (½ tasse) d'épinards bien tassés

1 champignon moyen

Sel et poivre

Jus de citron

Préparation : • Laver et égoutter les épinards.

• Couper les queues.

• Ajouter le champignon émincé.

• Saler et poivrer.

• Ajouter le jus de citron.

PIMENT
FARCI

Ingrédients:
1 piment vert

100 g (3½ oz) de bœuf haché maigre

2 ml (½ c. à thé) de cari

15 ml (1 c. à soupe) de jus de tomate

1 tomate fraîche ou en conserve

15 ml (1 c. à soupe) d'échalote ou d'oignon

1 feuille de laurier

Poivre

Préparation: • Dans un plat pour micro-ondes, déposer l'oignon et le bœuf haché et mettre au four à Cuisson-Temps pendant 1½ minute à code 10 (TEMPÉRATURE ÉLEVÉE).

• Couper le piment en deux, le laver, le vider et enlever le pédoncule.

• Ajouter la tomate écrasée et la feuille de laurier dans un plat de cuisson pour micro-ondes.

RÉGIME 500 CALORIES

- Déposer les demi-piments sur la tomate.

- Remplir du mélange suivant: viande, cari, jus de tomate, oignon et poivre.

- Mettre au four à Cuisson-Temps pendant 6 minutes à code 10 (TEMPÉRATURE ÉLEVÉE).

- Laisser reposer 4 minutes et servir.

DÎNER

Courgette farcie milanaise

SOUPER

Poulet au vinaigre
Brocoli au citron

COURGETTE FARCIE MILANAISE

Ingrédients: 90 g (3 oz) de bœuf haché maigre

160 g (2/3 tasse) de courgette en rondelles

2 ml (½ c. à thé) d'origan

15 ml (1 c. à soupe) d'oignon haché

15 ml (1 c. à soupe) de fromage râpé

1 gousse d'ail hachée

1 tomate fraîche ou en boîte coupée en dés

60 ml (¼ tasse) d'eau

Sel et poivre

Préparation: • Dans un plat pour micro-ondes, faire cuire les courgettes avec l'eau à Cuisson-Temps pendant 3 minutes à code 10 (TEMPÉRATURE ÉLEVÉE).

• Mettre de côté.

• Cuire la viande avec l'ail et l'oignon à Cuisson-Temps pendant 50 secondes à code 10 (TEMPÉRATURE ÉLEVÉE) en brassant à mi-temps de cuisson.

RÉGIME 500 CALORIES

- Ajouter la tomate, l'origan, le sel et le poivre.
- Égoutter les courgettes et les déposer dans un plat à gratin.
- Ajouter le mélange de viande et parsemer de fromage.
- Mettre au four à Cuisson-Temps pendant 1½ minute à code 10 (TEMPÉRATURE ÉLEVÉE).
- Laisser reposer 3 minutes avant de servir.

POULET AU VINAIGRE

Ingrédients :   100 g (3½ oz) de poulet

5 ml (1 c. à thé) de vinaigre de vin

2 ml (½ c. à thé) d'estragon

1 gousse d'ail hachée

1 tomate fraîche ou en conserve

30 g (2 c. à soupe) de bouillon de bœuf déshydraté sans gras

Sel et poivre avant de servir.

Préparation : • Dans un plat pour micro-ondes, déposer tous les ingrédients. Couvrir.

• Mettre au four à Cuisson-Temps pendant 3½ minutes à code 7 (TEMPÉRATURE MOYENNE-ÉLEVÉE).

• Laisser reposer 3 minutes avant de servir.

BROCOLI AU CITRON

Ingrédients :   160 ml (2/3 tasse) de brocoli

1 gousse d'ail hachée

Quelques gouttes de citron

60 ml (¼ tasse) d'eau

Préparation : • Dans un plat pour micro-ondes, déposer les bouquets de brocoli avec ¼ tasse d'eau et mettre au four à Cuisson-Temps pendant 5 minutes à code 10 (TEMPÉRATURE ÉLEVÉE).

• Ajouter le jus de citron et l'ail haché.

• Laisser reposer 3 minutes.

• Saler et poivrer au goût.

DÎNER

Filet de sole en verdure

SOUPER

Boeuf à la cantonaise et au poivron vert
Chou-fleur à la ciboulette

FILET DE SOLE
EN VERDURE

Ingrédients :   100 g (3½ oz) de filet de sole

160 ml (2/3 tasse) de bouquets de brocoli

30 ml (2 c. à soupe) d'eau

1 ml (¼ c. à thé) d'estragon

1 ml (¼ c. à thé) de persil

1 ml (¼ c. à thé) de ciboulette ou d'échalote verte hachée

2 quartiers de citron

Préparation : • Dans un plat pour micro-ondes, déposer tout autour les bouquets de brocoli, les tiges vers l'extérieur.

• Couvrir et mettre au four avec l'eau à Cuisson-Temps pendant 3 minutes à code 10 (TEMPÉRA-TURE ÉLEVÉE).

• Déposer le filet sur le brocoli, ajouter les fines herbes.

RÉGIME 500 CALORIES

- Couvrir et mettre au four à cuisson-Temps pendant 2½ minutes à code 10 (TEMPÉRATURE ÉLEVÉE).

- Laisser reposer 4 minutes.

- Dresser sur un plat le filet au centre et le brocoli tout autour.

- Servir avec des quartiers de citron.

- Arroser de jus de citron au goût.

BOEUF À LA CANTONAISE ET AU POIVRON VERT

Ingrédients :　　100 g (3½ oz) de steak en tranche coupé en lanières

30 g (1 oz) de piment vert émincé

½ tomate coupée en quartiers

1 rondelle de gingembre frais

15 ml (1 c. à soupe) d'oignon haché

½ gousse d'ail hachée

30 g (2 c. à soupe) de bouillon de bœuf déshydraté sans gras

5 ml (1 c. à thé) de sauce soya

Préparation : • Dans un plat pour micro-ondes, déposer la viande, le piment vert, l'oignon et l'ail.

• Couvrir et mettre au four à Cuisson-Temps pendant 1½ minute à code 10 (TEMPÉRATURE ÉLEVÉE).

• Retirer du four, ajouter tous les autres ingrédients sauf la tomate.

RÉGIME 500 CALORIES

- Couvrir et mettre au four de nouveau à Cuisson-Temps pendant 3 minutes à code 7 (TEMPÉRA-TURE MOYENNE-ÉLEVÉE).

- Durant le temps de repos, ajouter les quartiers de tomate. Recouvrir.

- Laisser reposer 5 minutes.

- Saler très peu et poivrer avant de servir.

CHOU-FLEUR À LA CIBOULETTE

Ingrédients :   160 ml (2/3 tasse) de chou-fleur

60 ml (¼ tasse) d'eau

5 ml (1 c. à thé) de ciboulette

Quelques gouttes de jus de citron

Préparation : • Bien laver les bouquets de chou-fleur.

• Les déposer dans un plat pour micro-ondes et mettre au four avec l'eau et le jus de citron à Cuisson-Temps pendant 5 minutes à code 10 (TEMPÉRATURE ÉLEVÉE).

• Ajouter la ciboulette durant le temps de repos qui est de 3 minutes.

• Saler et poivrer au goût.

• Servir.

DÎNER

Chou farci

SOUPER

Consommé à l'échalote
Sole niçoise

CHOU FARCI

Ingrédients : 2 feuilles de chou

100 g (3½ oz) de bœuf haché

22 ml (1½ c. à soupe) d'échalote hachée

60 ml (4 c. à soupe) de jus de tomate

45 g (3 c. à soupe) de bouillon à l'oignon déshydraté sans gras

Pincée d'estragon

Poivre

Préparation : • Enlever deux belles feuilles de chou, les laver et, pour les faire blanchir, les mettre à Cuisson-Temps pendant 2 minutes à code 10 (TEMPÉRATURE ÉLEVÉE).

• Durant ce temps, mélanger la viande, l'échalote, le poivre et la moitié du jus de tomate.

• Bien mélanger le tout.

• Garnir les feuilles de chou blanchies du mélange.

RÉGIME 500 CALORIES

- Faire deux rouleaux et les déposer dans un plat.
- Ajouter le bouillon à l'oignon ainsi que le jus de tomate qui reste. Couvrir.
- Mettre au four à Cuisson-Temps pendant 5 minutes à code 10 (TEMPÉRATURE ÉLEVÉE).
- Laisser reposer 3 minutes avant de servir.

CONSOMMÉ À L'ÉCHALOTE

Ingrédients : 30 ml (2 c. à soupe) d'échalote hachée

250 ml (1 tasse) d'eau

6 g (1 c. à thé) de bouillon de bœuf déshydraté sans gras

Poivre

Préparation : • Mettre l'échalote dans un bol, couvrir et mettre au four à Cuisson-Temps pendant 1½ minute à code 10 (TEMPÉRATURE ÉLEVÉE).

• Ajouter l'eau et le bouillon de bœuf.

• Poivrer au goût.

• Remettre au four à Cuisson-Temps pendant 2 minutes à code 10 (TEMPÉRATURE ÉLEVÉE).

• Servir.

SOLE
NIÇOISE

Ingrédients : 100 g (3½ oz) de filet de sole

1 tomate fraîche ou en conserve

1 ml (¼ c. à thé) de basilic

1 gousse d'ail hachée

Quelques câpres

Préparation : • Mettre le filet de sole dans un plat pour micro-ondes.

• Dans un autre plat, mélanger la tomate écrasée, la gousse d'ail hachée, quelques câpres et le basilic.

• Garnir le filet de sole de ce mélange. Couvrir.

• Mettre au four à Cuisson-Temps pendant 2½ minutes à code 10 (TEMPÉRATURE ÉLEVÉE).

• Laisser reposer 3 minutes avant de servir.

DÎNER

Crème du Barry
Escalope de veau au paprika

SOUPER

Coquille Saint-Jacques
Haricots verts à l'ail

CRÈME DU BARRY

Ingrédients : 250 ml (1 tasse) d'eau

125 ml (½ tasse) de chou-fleur

30 ml (1 c. à soupe) de céleri haché

15 ml (1 c. à soupe) d'oignon haché

3 g (½ c. à thé) de bouillon de poulet déshydraté sans gras

Poivre

Persil haché

Préparation : • Couper le chou-fleur en bouquets, le faire tremper pendant 20 minutes dans de l'eau vinaigrée.

• Mettre dans un plat pour micro-ondes le chou-fleur, le céleri, l'oignon, l'eau et le bouillon de poulet.

• Mettre au four à Cuisson-Temps pendant 9 minutes à code 10 (TEMPÉRATURE ÉLEVÉE).

• Laisser reposer 4 minutes.

RÉGIME 500 CALORIES

- Passer au mélangeur (blender) jusqu'à l'obtention d'une purée.
- Verser dans un plat de service.
- Poivrer au goût, saupoudrer de persil haché.
- Servir très chaud.

ESCALOPE DE VEAU AU PAPRIKA

Ingrédients: 75 g (3 oz) d'escalope de veau

15 ml (1 c. à soupe) d'oignon émincé

3 ml (¼ c. à soupe) de yogourt nature Light N'Lively

Paprika

Préparation:
- Dans un plat pour micro-ondes, déposer l'oignon.
- Mettre au four à Cuisson-Temps pendant 2 minutes à code 10 (TEMPÉRATURE ÉLEVÉE).
- Saupoudrer de paprika les deux côtés de l'escalope.
- Déposer l'escalope sur l'oignon cuit.
- Mettre au four à Cuisson-Temps pendant 1 minute à code 10 (TEMPÉRATURE ÉLEVÉE).
- Laisser reposer 3 minutes.
- Juste avant de servir, mélanger le yogourt au jus de cuisson et en napper l'escalope.
- Servir.

COQUILLE SAINT-JACQUES

Ingrédients :   70 g (2½ oz) de pétoncles

30 ml (2 c. à soupe) d'échalote verte hachée

3 champignons

30 ml (2 c. à soupe) d'eau

15 ml (1 c. à soupe) de jus de cuisson

15 ml (1 c. à soupe) de yogourt nature Light N'Lively

15 ml (1 c. à soupe) de fromage râpé mozzarella partiellement écrémé

1 ml (¼ c. à thé) de thym

1 feuille de laurier

Préparation : • Émincer les champignons et les mettre avec l'échalote dans une coquille ou dans un plat pour micro-ondes.

• Mettre au four à Cuisson-Temps pendant 2 minutes à code 10 (TEMPÉRATURE ÉLEVÉE).

• Ajouter les pétoncles, l'eau, le thym et la feuille de laurier.

RÉGIME 500 CALORIES

- Mettre au four à Cuisson-Temps pendant 1½ minute à code 10 (TEMPÉRATURE ÉLEVÉE).

- Enlever la feuille de laurier.

- Égoutter les pétoncles et réserver le jus de cuisson.

- Mélanger le yogourt et le fond de cuisson, en napper les pétoncles.

- Saupoudrer de fromage râpé.

- Mettre au four à Cuisson-Temps pendant 30 secondes à code 10 (TEMPÉRATURE ÉLE-VÉE).

- Servir très chaud.

HARICOTS VERTS
À L'AIL

Ingrédients: 160 ml (2/3 tasse) de haricots verts

60 ml (¼ tasse) d'eau

1 gousse d'ail finement hachée

Poivre et sel

Persil haché

4 ou 5 gouttes de jus de citron

Préparation: • Dans un plat pour micro-ondes, déposer les haricots, l'eau et l'ail.

• Mettre au four à Cuisson-Temps pendant 8 minutes à code 10 (TEMPÉRATURE ÉLEVÉE).

• Laisser reposer 4 minutes.

• Les arroser de jus de citron, saler très peu et poivrer.

• Saupoudrer de persil avant de servir.

DÎNER

Steak haché lyonnaise
Chou-fleur à l'italienne

SOUPER

Morue pochée sauce aux champignons
Choux de Bruxelles à l'ail

STEAK HACHÉ LYONNAISE

Ingrédients : 85 g (3 oz) de bœuf haché maigre

30 ml (2 c. à soupe) d'oignon émincé

2 g (¼ c. à thé) de bouillon de bœuf déshydraté sans gras

45 ml (3 c. à soupe) d'eau

7 ml (½ c. à soupe) de yogourt nature Light N'Lively

1 ml (¼ c. à thé) de fines herbes

Préparation : • Dans un plat pour micro-ondes, déposer l'oignon. Mettre au four à Cuisson-Temps pendant 1 minute à code 10 (TEMPÉRATURE ÉLEVÉE).

• Façonner la viande hachée en une galette et mélanger avec les fines herbes et le poivre.

• Déposer le steak haché sur l'oignon cuit.

• Mettre au four à Cuisson-Temps pendant 40 secondes à code 10 (TEMPÉRATURE ÉLEVÉE).

• Retirer la viande du plat et la garder au chaud.

RÉGIME 500 CALORIES

- Mélanger l'eau, le bouillon de bœuf, l'oignon et le yogourt.

- Remettre au four à Cuisson-Temps pendant 30 secondes à code 10 (TEMPÉRATURE ÉLEVÉE).

- Napper le steak haché de cette sauce et servir dans une assiette chaude.

CHOU-FLEUR À L'ITALIENNE

Ingrédients : 160 ml (2/3 tasse) de chou-fleur

60 ml (¼ tasse) d'eau

15 ml (1 c. à soupe) de sauce tomate

15 ml (1 c. à soupe) de fromage râpé mozzarella partiellement écrémé

1 ml (¼ c. à thé) d'assaisonnement à l'italienne

Préparation :
- Couper le chou-fleur en bouquets, laisser tremper pendant 20 minutes dans de l'eau vinaigrée. Rincer.
- Les déposer avec l'eau dans un plat pour micro-ondes et mettre au four à Cuisson-Temps pendant 5 minutes à code 10 (TEMPÉRATURE ÉLEVÉE).
- Laisser reposer 4 minutes.
- Égoutter puis déposer dans un plat à gratin.
- Napper de sauce tomate, ajouter l'assaisonnement à l'italienne et le fromage.
- Mettre au four à Cuisson-Temps pendant 1 minute à code 10 (TEMPÉRATURE ÉLEVÉE).
- Servir.

MORUE POCHÉE SAUCE AUX CHAMPIGNONS

Ingrédients: 100 g (3½ oz) de filet de morue

60 ml (¼ tasse) d'eau

2 ml (½ c. à thé) de crème de champignons réduite en gras de moitié

1 ml (½ c. à thé) de romarin

1 feuille de laurier

30 ml (2 c. à soupe) de champignons

Préparation:
- Déposer le filet dans un plat pour micro-ondes.
- Ajouter les champignons et les fines herbes.
- Mélanger l'eau et la crème de champignons.
- Couvrir et mettre au four à Cuisson-Temps pendant 3 minutes à code 10 (TEMPÉRATURE ÉLEVÉE).
- Saupoudrer d'une pincée de persil et servir.

CHOUX DE BRUXELLES À L'AIL

Ingrédients : 6 petits choux de Bruxelles

60 ml (¼ tasse) d'eau

3 g (½ c. à thé) de bouillon de poulet déshydraté sans gras

1 gousse d'ail hachée

Préparation : • Nettoyer les choux de Bruxelles.

• Mettre dans un plat pour micro-ondes les choux, l'eau, le bouillon ainsi que l'ail.

• Couvrir et mettre au four à Cuisson-Temps pendant 9 minutes à code 10 (TEMPÉRATURE ÉLEVÉE).

• Laisser reposer 5 minutes.

DÎNER

Crevettes créoles
Salade de champignons

SOUPER

Sauce à spaghetti
Courge à spaghetti Alfonso

CREVETTES CRÉOLES

Ingrédients: 100 g (3½ oz) de crevettes

15 g (½ oz) de piment vert haché

15 g (½ oz) de céleri haché

15 ml (1 c. à soupe) d'oignon haché

1 gousse d'ail hachée

15 ml (1 c. à soupe) de pâte de tomate

1½ tomate égouttée et hachée

2 ml (½ c. à thé) de persil

1 ml (¼ c. à thé) de thym

1 feuille de laurier

1 bonne pincée de poivre de Cayenne

Préparation:
- Dans un plat pour micro-ondes, déposer le céleri, l'oignon, le piment et l'ail.

- Couvrir et mettre au four à Cuisson-Temps pendant 2 minutes à code 10 (TEMPÉRATURE ÉLEVÉE).

RÉGIME 500 CALORIES

- Ajouter tous les autres ingrédients, sauf les crevettes et remettre au four à Cuisson-Temps pendant 4 minutes à code 10 (TEMPÉRATURE ÉLEVÉE).

- Ajouter les crevettes, mélanger et remettre au four à Cuisson-Temps pendant 3 minutes à code 7 (TEMPÉRATURE MOYENNE-ÉLEVÉE).

- Laisser reposer 3 minutes toujours couvert.

- Assaisonner de sel et de poivre avant de servir.

SALADE DE CHAMPIGNONS

Ingrédients :   125 ml (½ tasse) de champignons émincés

1 gousse d'ail hachée

15 ml (1 c. à soupe) d'oignon haché finement

5 ml (1 c. à thé) de ciboulette hachée

1 pincée de sarriette

15 ml (1 c. à soupe) de jus de citron

Poivre

Préparation : • Dans un bol, mélanger tous les ingrédients.

• Placer le tout au froid au moins 1 heure avant de servir.

SAUCE À SPAGHETTI

Donne 2 portions

Ingrédients:
100 g (3½ oz) de bœuf haché maigre

100 g (3½ oz) de veau haché

15 g (½ oz) de piment vert en dés

15 g (½ oz) de céleri haché

15 g (1 c. à soupe) d'oignon haché

30 ml (2 c. à soupe) de pâte de tomate

4 tomates en conserve ainsi que leur jus

1 feuille de laurier

1 ml (¼ c. à thé) d'origan

2 ml (½ c. à thé) d'assaisonnement à l'italienne.

1 ml (¼ c. à thé) de sel d'ail

1 bonne pincée de piments broyés

2 champignons émincés

Préparation: • Déposer la viande dans un plat pour micro-ondes et mettre au four à Cuisson-Temps pendant 2 minutes à code 10 (TEMPÉRATURE ÉLEVÉE) en remuant de temps en temps.

RÉGIME 500 CALORIES

- Ajouter tous les ingrédients, sauf les champignons, et remettre au four à Cuisson-Temps pendant 10 minutes à code 7 (TEMPÉRATURE MOYENNE-ÉLEVÉE).

- Il ne faut pas oublier de remuer de temps en temps.

- Ajouter les champignons. Si vous trouvez que la sauce devient un peu trop épaisse, ajouter un peu de jus de tomate.

- Remettre au four à Cuisson-Temps pendant 5 minutes à code 7 (TEMPÉRATURE MOYENNE-ÉLEVÉE).

- Laisser reposer 5 minutes.

- Servir avec la courge à spaghetti.

COURGE À SPAGHETTI ALFONSO

Préparation :
- Couper une courge en quatre.
- Dans un plat pour micro-ondes, déposer un morceau de la courge.
- Envelopper cette dernière d'une pellicule de plastique.
- Mettre au four à Cuisson-Temps pendant 9 minutes à code 10 (TEMPÉRATURE ÉLEVÉE).
- Laisser reposer 5 minutes.
- Défaire la chair de la courge.
- En mesurer 160 ml (2/3 tasse).
- Napper de la sauce à spaghetti et servir.

RÉGIME DE

800

CALORIES

DÎNER

Bifteck suisse
Courgette niçoise
Délice glacé aux framboises

SOUPER

Soupe aux légumes
Omelette aux champignons
Cornes de cantaloup

BIFTECK SUISSE

Ingrédients :   120 g (4 oz) de steak de ronde ou de surlonge

15 g (½ oz) de piment vert émincé

15 g (½ oz) d'oignon émincé

2 tomates en conserve écrasées avec un peu de jus

5 ml (1 c. à thé) de pâte de tomate

2 champignons émincés

Persil haché

Sel et poivre

Préparation : • Dans un plat pour micro-ondes, déposer le steak.

• Mettre tous les autres ingrédients dessus.

• Mettre au four à couvert à Cuisson-Temps pendant 20 minutes à code 7 (TEMPÉRATURE MOYENNE-ÉLEVÉE).

• Laisser reposer 5 minutes.

• Saler très peu et poivrer.

• Saupoudrer d'une pincée de persil et servir.

COURGETTE NIÇOISE

Ingrédients : 6 ou 7 rondelles de courgette (dépendant de la grosseur)

1 petite gousse d'ail écrasée

5 ml (1 c. à thé) de persil haché

2 lanières de piment vert coupé en dés

2 lanières de piment rouge coupé en dés

4 tomates cerise

Sel et poivre

Préparation :
- Dans un plat pour micro-ondes, déposer les courgettes, l'ail, ainsi que le piment.
- Mettre au four à couvert à Cuisson-Temps pendant 1½ minute à code 10 (TEMPÉRATURE ÉLEVÉE).
- Piquer chaque tomate avec un cure-dent et les ajouter aux courgettes.
- Saler très peu et poivrer.
- Cuire à couvert à Cuisson-Temps pendant 1 minute à code 10 (TEMPÉRATURE ÉLEVÉE).
- Ajouter le persil haché et servir.

DÉLICE GLACÉ AUX FRAMBOISES

Ingrédients: 200 ml (¾ tasse) de framboises fraîches ou congelées

30 ml (1 oz) de jus d'orange

½ sachet d'Egal

1 blanc d'œuf

Préparation:
- Mettre les framboises et le jus d'orange dans le mélangeur (blender) et bien mélanger.
- Monter le blanc d'œuf en neige très ferme.
- Ajouter l'Egal.
- Mélanger les framboises et le blanc d'œuf.
- Mettre dans une coupe à sorbet et faire congeler au moins 3 heures.
- Sortir du congélateur 5 ou 6 minutes avant de servir.
- Déposer une framboise ronde sur le dessus.

SOUPE AUX LÉGUMES

Ingrédients: 15 ml (1 c. à soupe) de céleri

15 ml (1 c. à soupe) d'oignon

30 ml (2 c. à soupe) de chou vert

2 haricots verts

2 haricots jaunes

250 ml (1 tasse) d'eau

6 g (1 c. à thé) de bouillon à l'oignon déshydraté sans gras

50 ml (2 oz) de jus de tomate

1 pincée de thym

Poivre

Préparation: • Laver les légumes, les hacher et les déposer dans un plat pour micro-ondes.

• Cuire à couvert à Cuisson-Temps pendant 3 minutes à code 10 (TEMPÉRATURE ÉLEVÉE).

• Ajouter l'eau, le bouillon et le thym.

RÉGIME 800 CALORIES

- Cuire à couvert à Cuisson-Temps pendant 5 minutes à code 10 (TEMPÉRATURE ÉLEVÉE).

- Ajouter le jus de tomate.

- Cuire à couvert à Cuisson-Temps pendant 5 minutes à code 10 (TEMPÉRATURE ÉLEVÉE).

- Servir.

OMELETTE AUX CHAMPIGNONS

Ingrédients: 2 œufs

3 champignons émincés

5 ml (1 c. à thé) de persil haché

Sel et poivre

Préparation: • Dans un plat pour micro-ondes, déposer les champignons et mettre au four à couvert à Cuisson-Temps pendant 1½ minute à code 10 (TEMPÉRATURE ÉLEVÉE).

• Dans un bol à mélanger battre l'œuf, ajouter le persil ainsi qu'un peu de sel et de poivre.

• Ajouter les champignons.

• Placer le mélange ainsi obtenu dans un plat pour micro-ondes et mettre au four sans couvrir à Cuisson-Temps pendant 1 minute à 1, 10 minutes à code 10 (TEMPÉRATURE ÉLEVÉE).

• Laisser reposer 1 à 2 minutes à couvert.

• Servir.

CORNES DE CANTALOUP

Ingrédients :   ¼ cantaloup frais

30 ml (2 c. à soupe) de yogourt nature

1 blanc d'œuf

½ sachet d'Egal

Préparation : • Couper le cantaloup en morceaux mais en garder 2 belles lanières pour en faire des cornes.

• Passer le reste au mélangeur (blender) pour obtenir une purée.

• Verser dans un petit bol.

• Ajouter le yogourt et mélanger.

• Dans un autre bol, monter le blanc d'œuf en neige très ferme.

• Ajouter l'Egal.

• Mélanger à la cuillère la purée de cantaloup avec le blanc d'œuf, délicatement.

• Verser dans une coupe à dessert.

• Piquer sur le bord les deux cornes de cantaloup.

• Réfrigérer au moins 30 minutes avant de servir.

DÎNER

Pétoncles du gourmet
Pizza aux légumes
Compote de prunes

SOUPER

Blanquette de veau
Légumes à l'orientale
Orange adéloise

PÉTONCLES DU GOURMET

Ingrédients :   115 g (4 oz) de pétoncles

125 ml (½ tasse) des légumes suivants : piment vert, piment rouge, céleri

5 ml (1 c. à thé) de persil haché

Quelques gouttes de jus de citron

Sel et poivre

Préparation : • Couper les légumes en morceaux de 2,5 cm carrés (environ 1 pouce) et les déposer dans un plat pour micro-ondes.

• Mettre au four à couvert à Cuisson-Temps pendant 2 minutes à code 10 (TEMPÉRATURE ÉLEVÉE).

• Ajouter les pétoncles.

• Cuire de nouveau à couvert à Cuisson-Temps pendant 1½ minute à code 10 (TEMPÉRATURE ÉLEVÉE).

• Mettre dans une assiette, saupoudrer de persil et arroser de jus de citron.

• Saler très peu et poivrer.

PIZZA AUX LÉGUMES

Ingrédients :   1 tomate coupée en tranches

4 minces rondelles de piment vert

4 minces rondelles d'oignon

1 champignon émincé

30 ml (2 c. à soupe) de fromage mozzarella partiellement écrémé

1 ml (¼ c. à thé) de basilic

Sel et poivre

Préparation :
- Dans un plat pour micro-ondes, déposer la tomate au fond et saupoudrer de basilic.

- Saler très peu et poivrer.

- Ajouter les rondelles de piment, les rondelles d'oignon et le champignon.

- Saupoudrer de fromage.

- Mettre au four sans couvrir à Cuisson-Temps pendant 2 minutes à code 10 (TEMPÉRATURE ÉLEVÉE).

- Servir.

COMPOTE DE PRUNES

Ingrédients :   2 prunes

½ sachet d'Egal

Préparation : • Laver et couper les prunes en deux.

• Enlever les noyaux.

• Les déposer dans un petit plat pour micro-ondes et mettre au four sans couvrir à Cuisson-Temps pendant 1½ minute à code 10 (TEMPÉRATURE ÉLEVÉE).

• Enlever la peau et saupoudrer d'Egal.

• Faire une purée.

• Servir dans une coupe à dessert.

BLANQUETTE DE VEAU

Ingrédients: 100 g (3½ oz) de veau en cubes

½ petit oignon coupé en morceaux

1 branche de persil

3 champignons émincés

1 feuille de laurier

15 ml (1 c. à soupe) de yogourt nature

Persil haché

Sel et poivre

150 ml (½ tasse) d'eau

Préparation: • Dans un plat pour micro-ondes, déposer le veau, l'oignon, la branche de persil, l'eau et la feuille de laurier.

• Mettre au four à couvert à Cuisson-Temps pendant 15 minutes à code 5 (TEMPÉRATURE MOYENNE-FAIBLE).

• Laisser reposer 5 minutes.

RÉGIME 800 CALORIES

- Dans un autre plat pour micro-ondes déposer les champignons et mettre au four à Cuisson-Temps pendant 1 minute à code 10 (TEMPÉRATURE ÉLEVÉE).

- Retirer la branche de persil et la feuille de laurier.

- Ajouter les champignons à la viande.

- Saler très peu et poivrer.

- Mélanger le yogourt à la viande.

- Mettre dans une assiette, saupoudrer de persil et servir.

LÉGUMES À L'ORIENTALE

Ingrédients: 4 bouquets de brocoli

4 rondelles de courgette

1 échalote verte coupée en 4 dans le sens de la longueur

1 tomate cerise coupée en quatre

4 lanières de piment vert

Préparation:
- Dans un plat pour micro-ondes, déposer les bouquets de brocoli tout autour du plat.
- Entre chaque bouquet, ajouter les lanières de piment.
- Ajouter les rondelles de courgette au centre ainsi que l'échalote.
- Mettre au four à couvert à Cuisson-Temps pendant 3 minutes à code 10 (TEMPÉRATURE ÉLEVÉE).
- À 30 secondes de la fin de la cuisson, ajouter les quartiers de tomate.
- Servir avec la sauce orientale.

RÉGIME 800 CALORIES

SAUCE ORIENTALE

Ingrédients: 5 ml (1 c. à thé) d'eau

5 ml (1 c. à thé) de sauce soya

Une pincée d'Egal

Une pincée de gingembre

½ gousse d'ail hachée

Préparation: • Mélanger tous les ingrédients et les déposer dans un plat pour micro-ondes.

• Mettre au four à Cuisson-Temps pendant 20 à 30 secondes à code 10 (TEMPÉRATURE ÉLEVÉE).

• Verser sur les légumes.

ORANGE ADÉLOISE

Ingrédients:　1 orange à vif

1 fraise coupée en quartiers

5 ml (1 c. à thé) de zeste d'orange

½ sachet d'Egal

Préparation:
- Faire le zeste d'orange en premier.
- Peler l'orange en prenant soin d'enlever le surplus de la pellicule blanche.
- Faire des rondelles d'orange et les déposer dans un plat pour micro-ondes.
- Saupoudrer d'Egal et ajouter le zeste.
- Mettre au four sans couvrir à Cuisson-Temps pendant 1 minute à code 10 (TEMPÉRATURE ÉLEVÉE).
- Déposer la fraise en forme d'étoile au centre des rondelles d'orange.
- Servir.

DÎNER

Soupe à la courge et au poulet
Filet de sole dieppoise
Julienne de légumes Madeleine
Kiwi en mousse

SOUPER

Poulet Maria
Salade de chou rouge

SOUPE À LA COURGE ET AU POULET

Ingrédients:

5 ml (1 c. à thé) de piment vert coupé en petits dés

5 ml (1 c. à thé) d'oignon haché finement

5 ml (1 c. à thé) de céleri coupé en petits dés

30 ml (2 c. à soupe) de courge spaghetti déjà cuite

250 ml (1 tasse) d'eau

15 ml (1 c. à soupe) de poulet cuit coupé en dés

3 g ($\frac{1}{2}$ c. à thé) de bouillon de poulet déshydraté sans gras

1 pincée de cerfeuil

Poivre

Préparation:

- Dans un plat pour micro-ondes, déposer les ingrédients suivants: le piment, le céleri, l'oignon, l'eau et le bouillon.

- Mettre au four à couvert à Cuisson-Temps pendant 4 minutes à code 10 (TEMPÉRATURE ÉLEVÉE).

- Ajouter les autres ingrédients.

RÉGIME 800 CALORIES

- Mettre au four de nouveau à couvert à Cuisson-Temps pendant 2 minutes à code 10 (TEMPÉRA-TURE ÉLEVÉE).

- Laisser reposer 3 minutes.

N.B. : Voir page 102 pour la cuisson de la courge spaghetti.

FILET DE SOLE DIEPPOISE

Ingrédients: 90 g (3 oz) de filet de sole

15 g (½ oz) de crevettes cuites

2 champignons émincés

2 ml (½ c. à thé) de vin blanc

15 ml (1 c. à soupe) de yogourt nature

Persil haché

Préparation: • Dans un plat pour micro-ondes, déposer le filet de sole, ajouter les crevettes, les champignons ainsi que le vin blanc.

• Mettre au four à couvert à Cuisson-Temps pendant 1½ minute à code 10 (TEMPÉRATURE ÉLEVÉE).

• Déposer le filet sur une assiette.

• Mélanger le yogourt au jus de cuisson.

• Napper le filet de cette sauce.

• Saupoudrer de persil haché.

• Servir.

JULIENNE DE LÉGUMES MADELEINE

Ingrédients :   Julienne de piment vert

Julienne de piment rouge

Julienne de courgette

2 g (¼ c. à thé) de bouillon de bœuf déshydraté sans gras

30 ml (2 c. à soupe) d'eau

Persil haché

Préparation : • Mesurer une tasse de légumes.

• Les déposer dans un plat pour micro-ondes.

• Ajouter l'eau et le bouillon.

• Mettre au four à couvert à Cuisson-Temps pendant 3 minutes à code 10 (TEMPÉRATURE ÉLEVÉE).

• Dresser sur une assiette.

• Saupoudrer de persil.

• Servir.

N.B. :   Faire une julienne consiste à couper des légumes en bâtonnets.

KIWI EN MOUSSE

Ingrédients : 1 kiwi

1 blanc d'œuf

½ sachet d'Egal

Préparation : • Monter le blanc d'œuf en neige très ferme.

• Saupoudrer d'Egal.

• Peler et piler le kiwi.

• Le mélanger délicatement au blanc d'œuf.

• Verser dans une coupe à dessert et réfrigérer.

• Servir.

POULET MARIA

Ingrédients: 120 g (4 oz) de poulet

1 pêche fraîche (si elle est en conserve la rincer à l'eau)

1 échalote verte

5 ml (1 c. à thé) de sauce Worcestershire

60 ml (¼ tasse) d'eau

2 g (¼ c. à thé) de bouillon de poulet déshydraté sans gras

1 pincée de gingembre

Préparation: • Dans un plat pour micro-ondes, déposer le poulet. Ajouter la sauce Worcestershire, l'eau, le bouillon et le gingembre.

• Mettre au four à couvert à Cuisson-Temps pendant 2 minutes à code 8 (TEMPÉRATURE MOYENNE-ÉLEVÉE).

• Ajouter l'échalote émincée ainsi que la pêche coupée en cubes.

RÉGIME 800 CALORIES

- Mettre au four à couvert à Cuisson-Temps pendant 2 minutes à code 8 (TEMPÉRATURE MOYENNE-ÉLEVÉE).

- Laisser reposer 5 minutes.

- Servir.

SALADE DE CHOU ROUGE

Ingrédients : 250 ml (1 tasse) de chou rouge râpé

15 ml (1 c. à soupe) de vinaigre chaud

5 ml (1 c. à thé) de yogourt nature

Sel et poivre

2 rondelles d'oignon

Préparation : • Dans un petit saladier, mélanger le chou et le vinaigre chaud.

• Laisser mariner 30 minutes.

• Ajouter le yogourt.

• Saler très peu et poivrer.

• Garnir de rondelles d'oignon.

• Servir.

DÎNER

Chop suey au poulet
Fraises en sabayon

SOUPER

Morue bergeronne
Asperges au gratin
Gelée à l'orange

CHOP SUEY AU POULET

Ingrédients : 90 g (3 oz) de poulet cuit

250 ml (1 tasse) de fèves germées

15 ml (1 c. à soupe) de piment vert coupé en dés

15 ml (1 c. à soupe) d'oignon haché

15 ml (1 c. à soupe) de céleri coupé en dés

15 ml (1 c. à soupe) de sauce soya

Préparation : • Dans un plat pour micro-ondes, déposer tous les légumes.

• Mettre au four à couvert à Cuisson-Temps pendant 3 minutes à code 10 (TEMPÉRATURE ÉLEVÉE).

• Mélanger le poulet avec la sauce soya et ajouter aux légumes.

• Couvrir et mettre au four à Cuisson-Temps pendant 1 minute à code 10 (TEMPÉRATURE ÉLEVÉE).

• Servir.

FRAISES EN SABAYON

Ingrédients: 250 ml (1 tasse) de fraises coupées en deux

15 ml (1 c. à soupe) de yogourt nature

1 jaune d'œuf

1 sachet d'Egal

Préparation:
- Dans une coupe à dessert, déposer les fraises ainsi que la moitié du sachet d'Egal.
- Mélanger et réserver.
- Pour faire le sabayon, monter le jaune d'œuf au fouet dans un bain-marie jusqu'à l'obtention d'un pic mou.
- Une fois obtenu, retirer du bain-marie et mélanger avec le yogourt et le restant du sachet d'Egal.
- Verser sur les fraises et réfrigérer avant de servir.

MORUE
BERGERONNE

Ingrédients: 100 g (3½ oz) de filet de morue

1 tranche d'oignon défaite en rondelle

5 ml (1 c. à thé) de piment rouge coupé en dés

2 rondelles de citron coupées en deux

5 ml (1 c. à thé) de persil haché

1 gousse d'ail hachée

1 tomate en conserve coupée en quartiers

Préparation: • Dans un plat pour micro-ondes, déposer la tomate en quartiers.

• Mettre le filet de poisson qu'on aura préalablement coupé en trois morceaux.

• Placer les demi-rondelles de citron entre chaque morceau.

• Ajouter l'ail, l'oignon ainsi que le piment rouge.

• Saupoudrer de persil.

RÉGIME 800 CALORIES

- Mettre au four à couvert à Cuisson-Temps pendant 2½ minutes à code 10 (TEMPÉRATURE ÉLEVÉE).

- Laisser reposer 3 minutes.

- Servir.

ASPERGES AU GRATIN

Ingrédients: 8 tiges d'asperges

30 ml (2 c. à soupe) d'eau

30 ml (2 c. à soupe) de fromage râpé (gruyère ou cheddar)

Préparation:
- Dans un plat pour micro-ondes, déposer les asperges et ajouter l'eau.
- Mettre au four à couvert à Cuisson-Temps pendant 4 à 5 minutes à code 10 (TEMPÉRATURE ÉLEVÉE) dépendant de la grosseur des asperges.
- S'il y a encore de l'eau après la cuisson, il faut l'enlever.
- Ajouter le fromage.
- Mettre au four à nouveau sans couvrir à Cuisson-Temps pendant 40 secondes à code 10 (TEMPÉRATURE ÉLEVÉE).
- Servir.

GELÉE À L'ORANGE

Ingrédients:

1 orange à vif

2 ml (½ c. à thé) de gélatine neutre

15 ml (1 c. à soupe) d'eau froide

125 ml (½ tasse) d'eau chaude

Le jus de l'orange

½ sachet d'Egal

Préparation:

- Détailler l'orange à vif, c'est-à-dire peler l'orange et enlever la chair entre les parties blanches.
- Presser la pulpe pour en extraire le jus.
- Faire gonfler la gélatine dans l'eau froide.
- Faire chauffer ensemble l'eau chaude et le jus.
- Ajouter le ½ sachet d'Egal et mélanger à la gélatine.
- Ajouter les morceaux d'orange.
- Verser dans une coupe à dessert et faire prendre au réfrigérateur.

DÎNER

Ragoût de boulettes
Courge spaghetti à la bulgare
Confiture de rhubarbe

SOUPER

Brochette de foie de poulet
Cantaloup au coulis de fraises

RAGOÛT DE BOULETTES

Ingrédients : 240 g (8 oz) de bœuf haché maigre

15 ml (1 c. à soupe) d'oignon haché

1 ml (¼ c. à thé) de persil haché

1 ml (¼ c. à thé) de thym

1 ml (¼ c. à thé) d'origan

2 ml (½ c. à thé) de fécule de maïs

1 blanc d'œuf

5 ml (1 c. à thé) de sauce soya

3 g (½ c. à thé) de bouillon de bœuf déshydraté sans gras

125 ml (½ tasse) d'eau

½ branche de céleri coupé en dés

½ oignon émincé

15 ml (1 c. à soupe) de yogourt nature

Sel et poivre

RÉGIME 800 CALORIES

Préparation: • Dans un bol, mélanger les ingrédients suivants : la viande, l'oignon haché, les fines herbes et le blanc d'œuf. Saler très peu et poivrer.

• Façonner les boulettes et les déposer dans un plat pour micro-ondes.

• Y ajouter tous les autres ingrédients, sauf le yogourt, et mélanger.

• Mettre au four à couvert à Cuisson-Temps pendant 7 minutes à code 10 (TEMPÉRATURE ÉLEVÉE).

• Laisser reposer 5 minutes.

• Ajouter le yogourt et mélanger.

• Servir.

COURGE SPAGHETTI À LA BULGARE

Ingrédients: 250 ml (1 tasse) de courge spaghetti

15 ml (1 c. à soupe) de yogourt nature

Paprika

Préparation:
- Dans un plat pour micro-ondes, déposer un quartier de courge spaghetti. Le recouvrir d'une pellicule de plastique.
- Mettre au four à Cuisson-Temps pendant 9 minutes à code 10 (TEMPÉRATURE ÉLEVÉE).
- Égoutter la courge et en mesurer 1 tasse.
- Dans un petit bol, déposer la courge.
- Ajouter le yogourt au centre.
- Saupoudrer de paprika.
- Servir.

CONFITURE DE RHUBARBE

Ingrédients : 250 ml (1 tasse) de rhubarbe coupée en cubes

½ sachet d'Egal

Préparation :
- Dans un plat pour micro-ondes, mélanger la rhubarbe et l'Egal.
- Mettre au four à couvert à Cuisson-Temps pendant 2 minutes à code 10 (TEMPÉRATURE ÉLEVÉE).
- Faire une purée.
- Servir dans une coupe à dessert chaud ou froid.

BROCHETTE DE FOIE DE POULET

Ingrédients : 120 g (4 oz) de foie de poulet

3 champignons

3 petites tomates cerise

4 carrés de piment vert

3 carrés d'oignon

15 ml (1 c. à soupe) de sauce soya

Préparation : • Nettoyer le foie de sa membrane.

• Faire mariner avec la sauce soya.

• Ajouter les légumes et réfrigérer 30 minutes.

• Monter la brochette en alternant le foie avec les légumes.

• Déposer dans un plat pour micro-ondes et mettre au four sans couvrir à Cuisson-Temps pendant 2 minutes à code 10 (TEMPÉRATURE ÉLEVÉE).

• Servir.

CANTALOUP AU COULIS DE FRAISES

Ingrédients : 125 ml (½ tasse) de cantaloup coupé en cubes

4 fraises fraîches ou congelées

½ sachet d'Egal

Préparation : • Dans un plat pour micro-ondes, déposer les fraises avec l'Egal et mettre au four à Cuisson-Temps pendant 30 secondes à code 10 (TEMPÉRATURE ÉLEVÉE).

• Réduire en purée et réserver.

• Déposer les cubes de cantaloup dans un plat pour micro-ondes et mettre au four à couvert à Cuisson-Temps pendant 40 secondes à code 10 (TEMPÉRATURE ÉLEVÉE).

• Servir dans une coupe à dessert.

• Napper de coulis de fraises.

DÎNER

Soupe au brocoli
Crevettes en salade
Pomme au four

SOUPER

Foie de veau au blanc de poireau
Concombre au yogourt
Fraises en sirop

SOUPE AU BROCOLI

Ingrédients: 125 ml (½ tasse) de brocoli

250 ml (1 tasse) d'eau

15 ml (1 c. à soupe) d'oignon

1 ml (¼ c. à thé) de poudre de cari

3 g (½ c. à thé) de bouillon de poulet déshydraté sans gras

Préparation: • Dans de l'eau salée, laver les bouquets de brocoli, les rincer.

• Dans un plat pour micro-ondes, déposer le brocoli et l'oignon.

• Couvrir et mettre au four à Cuisson-Temps pendant 3 minutes à code 10 (TEMPÉRATURE ÉLEVÉE).

• Ajouter les autres ingrédients.

• Couvrir et cuire à Cuisson-Temps pendant 5 minutes à code 10 (TEMPÉRATURE ÉLEVÉE).

RÉGIME 800 CALORIES

- Passer au mélangeur (blender) jusqu'à l'obtention d'une purée.

- Poivrer au goût.

- Verser dans un plat de service.

- Servir chaud ou froid.

CREVETTES EN SALADE

Ingrédients: 3 ou 4 feuilles de laitue boston

100 g (3½ oz) de crevettes cuites

15 ml (1 c. à soupe) de yogourt nature

5 ml (1 c. à thé) de sauce Chili

2 ml (½ c. à thé) d'oignon râpé

Persil haché

Bouquet de cresson (facultatif)

Préparation:
- Dresser les feuilles de laitue dans un saladier.
- Y déposer les crevettes.
- Faire une sauce avec le yogourt nature, la sauce Chili et l'oignon râpé. Bien mélanger.
- Napper les crevettes de cette sauce.
- Ajouter une pincée de persil haché.
- Servir avec un bouquet de cresson.

POMME AU FOUR

Ingrédients: 1 pomme à cuire

15 ml (1 c. à soupe) de jus de citron

Une pincée de cannelle et de muscade

½ sachet d'Egal

Préparation:
- Peler la pomme, la couper en deux et enlever le cœur.
- Émincer la pomme, arroser de jus de citron.
- Saupoudrer de muscade, de cannelle et du ½ sachet d'Egal.
- Cuire au micro-ondes à Cuisson-Temps pendant 1 à 1½ minute à code 10 (TEMPÉRATURE ÉLE-VÉE).
- Servir chaud.

FOIE DE VEAU AU BLANC DE POIREAU

Ingrédients: 100 g (3½ oz) de foie de veau

30 g (1 oz) de blanc de poireau

1 g (⅛ c. à thé) de bouillon de poulet déshydraté sans gras

15 ml (1 c. à soupe) d'eau

15 ml (1 c. à soupe) de yogourt nature

Préparation:
- Dans un plat pour micro-ondes, déposer le blanc de poireau, le bouillon ainsi que l'eau.
- Cuire à couvert à Cuisson-Temps pendant 1½ minute à code 10 (TEMPÉRATURE ÉLEVÉE).
- Ajouter le foie. Cuire à couvert à Cuisson-Temps pendant 1½ minute à code 10 (TEMPÉRATURE ÉLEVÉE).
- Retirer le foie. Ajouter le yogourt et mélanger.
- Napper le foie de cette sauce.
- Servir chaud.

CONCOMBRE AU YOGOURT

Ingrédients : 250 ml (1 tasse) de concombre

15 ml (1 c. à soupe) de yogourt

1 échalote verte hachée

Poivre en grains

Jus de citron

Un peu d'eau

Préparation :
- Découper des rondelles de concombre avec la pelure.
- Saler un peu.
- Faire dégorger au réfrigérateur 1 heure.
- Bien égoutter. Éponger pour enlever le surplus d'eau.
- Dans un petit bol, mélanger le yogourt, l'échalote, quelques gouttes de jus de citron ainsi que quelques gouttes d'eau.
- Poivrer.
- Ajouter le concombre et bien mélanger.
- Servir dans un saladier avec une pincée de persil haché.

FRAISES EN SIROP

Ingrédients : 250 ml (1 tasse) de fraises fraîches

½ sachet d'Egal

5 ml (1 c. à thé) de jus de citron

Préparation : • Dans un petit plat pour micro-ondes, déposer les ingrédients.

• Mettre au four à Cuisson-Temps pendant 1 minute à code 10 (TEMPÉRATURE ÉLEVÉE).

• Servir chaud ou froid.

DÎNER

Omelette à l'espagnole
Brocoli au gratin
Pamplemousse au four

SOUPER

Aiglefin au céleri
Tomate au four
Compote de Rougemont

OMELETTE À L'ESPAGNOLE

Ingrédients: 2 œufs battus

60 ml (¼ tasse) de légumes suivants: piment rouge, céleri, piment vert et oignon haché

1 petite tomate pelée et coupée en quartiers

1 ml (¼ c. à thé) d'origan

Sel et poivre

Préparation:
- Dans un plat pour micro-ondes, cuire à couvert à Cuisson-Temps pendant 1½ minute à code 10 (TEMPÉRATURE ÉLEVÉE) les légumes, sauf la tomate.

- Dans un bol, mélanger les œufs, le poivre et l'origan. Saler très peu.

- Verser le mélange dans un plat pour micro-ondes.

- Cuire à Cuisson-Temps pendant 40 secondes à code 10 (TEMPÉRATURE ÉLEVÉE).

RÉGIME 800 CALORIES

- Mélanger tous les légumes, les déposer sur l'omelette et la plier.

- Cuire à Cuisson-Temps pendant 50 secondes à code 10 (TEMPÉRATURE ÉLEVÉE).

- Si on désire l'omelette un peu plus cuite, la couvrir et laisser reposer 1 minute.

- Décorer d'une branche de persil frais.

BROCOLI AU GRATIN

Ingrédients :   250 ml (1 tasse) de brocoli

30 g (1 oz) de fromage mozzarella râpé partiellement écrémé

30 ml (2 c. à soupe) d'eau

Sel et poivre

Préparation :
- Laver le brocoli dans de l'eau salée et rincer.
- Mettre le brocoli et l'eau dans un plat pour micro-ondes.
- Couvrir et cuire à Cuisson-Temps pendant 4 minutes à code 10 (TEMPÉRATURE ÉLEVÉE).
- Égoutter le brocoli s'il y a encore un peu d'eau.
- Poivrer, ajouter le fromage râpé et cuire à Cuisson-Temps pendant 30 à 40 secondes à code 10 (TEMPÉRATURE ÉLEVÉE).
- Servir chaud.

PAMPLEMOUSSE AU FOUR

Ingrédients : ½ pamplemousse

½ sachet d'Egal

Un peu de muscade

Préparation : • Séparer le demi-pamplemousse en quartiers.

• Saupoudrer d'un peu d'Egal ainsi que de muscade.

• Cuire au micro-ondes à Cuisson-Temps pendant 1 à 1½ minute à code 10 (TEMPÉRATURE ÉLE-VÉE).

• Servir chaud.

AIGLEFIN AU CÉLERI

Ingrédients:
120 g (4 oz) d'aiglefin

60 g (2 oz) de céleri en dés

15 ml (1 c. à soupe) d'oignon émincé

Jus de citron

Persil haché

Sel et poivre

Préparation:
- Dans un plat pour micro-ondes, cuire à couvert le céleri et l'oignon à Cuisson-Temps pendant 2 minutes à code 10 (TEMPÉRATURE ÉLEVÉE).

- Déposer le filet dans le plat ainsi que les autres ingrédients et quelques gouttes de jus de citron. Saler très peu.

- Cuire à couvert à Cuisson-Temps pendant 1½ minute à code 10 (TEMPÉRATURE ÉLEVÉE).

- Laisser reposer 2 à 3 minutes.

- Ajouter une pincée de persil frais haché.

- Servir chaud.

TOMATE AU FOUR

Ingrédients: 1 tomate moyenne

5 ml (1 c. à thé) de persil frais haché

Une pincée d'origan

Poivre

1 feuille de laitue

Préparation:
- Laver la tomate, la couper en deux et enlever le pédoncule.
- Saupoudrer de persil haché, d'origan et de poivre.
- Dans une petite assiette, déposer la tomate et mettre au four sans couvrir à Cuisson-Temps pendant 1 à 1½ minute à code 10 (TEMPÉRATURE ÉLEVÉE).
- Dresser sur une feuille de laitue. Garnir d'un bouquet de persil.

COMPOTE DE ROUGEMONT

Ingrédients :   1 pomme à cuire

½ sachet d'Egal

1 pincée de muscade

Un peu de jus de citron

Préparation :
- Dans un plat pour micro-ondes, déposer la pomme pelée, évidée et coupée en quartiers.
- Ajouter le jus de citron et saupoudrer d'un peu d'Egal.
- Couvrir et mettre au four à Cuisson-Temps pendant 2 minutes à code 10 (TEMPÉRATURE ÉLEVÉE).
- Réduire en purée avec une fourchette.
- Mettre dans une petite coupe à dessert et ajouter une pincée de muscade.
- Servir chaud ou froid.

DÎNER

Soupe à l'oignon
Piment aux fruits de mer
Pêche au yogourt

SOUPER

Goulache
Salade de chou et de mandarine

SOUPE À L'OIGNON

Ingrédients: 1 oignon moyen émincé

250 ml (1 tasse) d'eau

6 g (1 c. à thé) de bouillon à l'oignon déshydraté sans gras

Une pincée de thym

Poivre

Préparation: • Dans un plat pour micro-ondes, déposer l'oignon émincé.

• Mettre au four à couvert à Cuisson-Temps pendant 3 minutes à code 10 (TEMPÉRATURE ÉLEVÉE).

• Ajouter l'eau, le bouillon et le thym

• Poivrer un peu.

• Couvrir et mettre au four à Cuisson-Temps pendant 8 minutes à code 10 (TEMPÉRATURE ÉLEVÉE).

• Servir chaud.

PIMENT AUX FRUITS DE MER

Ingrédients: 1 piment vert

1 gousse d'ail hachée

100 g (3½ oz) de crevettes et de crabe

1 petite échalote verte hachée

1 tomate égouttée hachée

5 ml (1 c. à thé) de pâte de tomate

3 gouttes de sauce soya

15 g (½ oz) de fromage parmesan râpé

Une pincée de fenouil (facultatif)

Paprika

Préparation: • Laver le piment et le couper en deux. Cuire à couvert à Cuisson-Temps pendant 5 minutes à code 10 (TEMPÉRATURE ÉLEVÉE).

• Dans un autre plat pour micro-ondes, faire cuire les fruits de mer ainsi que l'échalote et l'ail hachés à Cuisson-Temps pendant 2 minutes à code 10 (TEMPÉRATURE ÉLEVÉE) à couvert.

RÉGIME 800 CALORIES

- Ajouter tous les autres ingrédients.
- Cuire sans couvrir à Cuisson-Temps pendant 1 minute à code 10 (TEMPÉRATURE ÉLEVÉE).
- Farcir les piments de ce mélange.
- Servir.

PÊCHE AU YOGOURT

Ingrédients: 1 pêche fraîche

½ sachet d'Egal

15 ml (1 c. à soupe) de yogourt nature

Préparation: • Peler la pêche, la couper en deux et enlever le noyau.

• La déposer dans un plat pour micro-ondes et mettre au four à couvert à Cuisson-Temps pendant 1½ minute à code 10 (TEMPÉRATURE ÉLEVÉE).

• Saupoudrer d'Egal et ajouter le yogourt dans le trou du noyau.

• Servir chaud.

GOULACHE

Ingrédients: 120 g (4 oz) de bœuf en cubes maigre

15 ml (1 c. à soupe) d'oignon haché

15 ml (1 c. à soupe) de pâte de tomate

185 ml (¾ tasse) d'eau

3 g (½ c. à thé) de bouillon à l'oignon déshydraté sans gras

Paprika, persil haché

1 feuille de laurier

1 ml (½ c. à thé) de thym

Préparation:
- Enrober la viande de paprika et ajouter l'oignon.
- Dans un plat pour micro-ondes, déposer la viande et mettre au four à Cuisson-Temps pendant 1½ minute à code 10 (TEMPÉRATURE ÉLEVÉE).
- Ajouter tous les autres ingrédients.
- Cuire à couvert à Cuisson-Temps pendant 6 minutes à code 7 (TEMPÉRATURE MOYENNE-ÉLEVÉE).
- Laisser reposer 5 minutes à couvert.
- Servir avec un bouquet de persil.

SALADE DE CHOU ET DE MANDARINE

Ingrédients :   250 ml (1 tasse) de chou râpé

1 mandarine à vif

Jus de mandarine

Sel et poivre

Persil

Préparation : • Râper le chou et mettre dans un saladier.

• Ajouter les quartiers de mandarine ainsi que le jus.

• Saler et poivrer.

• Réfrigérer au moins 1 heure avant de servir.

• Saupoudrer de persil.

RÉGIME 800 CALORIES

N.B.: UNE MANDARINE À VIF SE FAIT COMME SUIT :

- À l'aide d'un couteau, couper les deux extrémités de la mandarine.

- Couper la pelure de haut en bas.

- Enlever les quartiers entre chaque pellicule blanche.

- Pour avoir le jus de la mandarine, il s'agit de presser la pulpe.

DÎNER

Poulet à l'orange
Ratatouille niçoise

SOUPER

Pain de viande à l'italienne
Choux de Bruxelles forestière
Mousse Niagara

POULET À L'ORANGE

Ingrédients: 120 g (4 oz) de poulet

25 ml (1 oz) de jus d'orange

2 ml (½ c. à thé) de poudre de cari

1 orange à vif

2 tranches d'oignon défaites en rondelles

Poivre

Préparation: • Déposer le poulet désossé dans un plat pour micro-ondes.

• Ajouter la poudre de cari, le jus d'orange, les rondelles d'oignon ainsi qu'un peu de poivre.

• Cuire à couvert à Cuisson-Temps pendant 6½ minutes à code 8 (TEMPÉRATURE MOYENNE-ÉLEVÉE).

• Laisser reposer 5 minutes.

• Ajouter les quartiers d'orange durant le repos.

• Dresser sur un plat et servir.

RÉGIME 800 CALORIES

N.B.: COMMENT FAIRE UNE ORANGE À VIF:

- À l'aide d'un couteau, couper les deux extrémités de l'orange.

- Couper la pelure de haut en bas.

- Enlever les quartiers d'orange entre chaque pellicule blanche.

RATATOUILLE NIÇOISE

Ingrédients: 60 ml (¼ tasse) d'aubergine pelée, coupée en cubes

4 rondelles de courgette

½ tomate pelée, coupée en cubes

1 petite gousse d'ail hachée

2 lanières de piment vert

¼ d'un petit oignon émincé

1 ml (¼ c. à thé) de pâte de tomate

1 ml (¼ c. à thé) de basilic

1 pincée de persil haché

Poivre

Préparation: • Dans un plat pour micro-ondes, déposer l'aubergine et l'oignon.

• Cuire à couvert à Cuisson-Temps pendant 1 minute à code 10 (TEMPÉRATURE ÉLEVÉE).

• Ajouter la courgette, l'ail, le piment ainsi que la pâte de tomate.

RÉGIME 800 CALORIES

- Cuire à couvert à Cuisson-Temps pendant 2 minutes à code 10 (TEMPÉRATURE ÉLEVÉE).

- Ajouter tous les autres ingrédients.

- Cuire à Cuisson-Temps pendant 1 minute à code 10 (TEMPÉRATURE ÉLEVÉE).

- Servir chaud.

PAIN DE VIANDE À L'ITALIENNE

Ingrédients:

200 g (7 oz) de bœuf haché maigre

30 ml (2 c. à soupe) de mozzarella râpé

7 ml (½ c. à soupe) d'assaisonnement à l'italienne

3 g (½ c. à thé) de bouillon à l'oignon déshydraté sans gras

15 ml (1 c. à soupe) de parmesan râpé

1 blanc d'œuf

Poivre

52 ml (3 ½ c. a soupe) de sauce tomate

Préparation:

- Mélanger dans un bol les ingrédients suivants: la viande, le bouillon à l'oignon, le blanc d'œuf, le poivre, l'assaisonnement à l'italienne ainsi que 22 ml (1 ½ c. à soupe) de sauce tomate.

- Déposer le tout sur un papier ciré.

- En faire un carré. Ajouter au centre le fromage mozzarella. Faire un beau rouleau.

RÉGIME 800 CALORIES

- Déposer dans un plat pour micro-ondes. Il est préférable de le surélever pour que la viande ne bouille pas au lieu de cuire. On peut surélever le rouleau soit sur une grille en plastique pour le micro-ondes ou, si l'on n'en a pas, sur une soucoupe renversée.

- Cuire sans couvrir à Cuisson-Temps pendant 3 minutes à code 10 (TEMPÉRATURE ÉLEVÉE).

- Continuer à Cuisson-Temps pendant 2 minutes à code 8 (TEMPÉRATURE MOYENNE-ÉLEVÉE).

- Laisser reposer 5 minutes recouvert d'une feuille de papier d'aluminium (couleur brillante vers l'intérieur).

- Au moment de servir, napper de la sauce tomate restante ainsi que du parmesan râpé.

- Le mettre au four à Cuisson-Temps pendant 40 secondes à code 10 (TEMPÉRATURE ÉLEVÉE).

CHOUX DE BRUXELLES FORESTIÈRE

Ingrédients : 10 à 12 petits choux de Bruxelles (dépendant de la grosseur)

3 champignons coupés en quartiers

15 ml (1 c. à soupe) d'eau

15 ml (1 c. à soupe) d'oignon haché

Quelques gouttes de jus de citron

Sel et poivre

Préparation :
- Laver les choux.
- Dans un plat pour micro-ondes, déposer les choux, l'oignon et l'eau et mettre au four à couvert à Cuisson-Temps pendant 5 minutes à code 10 (TEMPÉRATURE ÉLEVÉE).
- Dans un autre plat, faire cuire à couvert les champignons à Cuisson-Temps pendant 1½ minute à code 10 (TEMPÉRATURE ÉLEVÉE).
- Mélanger les deux légumes.
- Ajouter le jus de citron, un peu de sel ainsi que le poivre.
- Servir chaud.

MOUSSE NIAGARA

Ingrédients: 1 pêche fraîche ou en conserve (sans sucre)

½ sachet d'Egal

1 blanc d'œuf

Préparation: • Si la pêche est fraîche, la peler, la couper en deux et enlever le noyau.

• Dans un plat pour micro-ondes, déposer la pêche et mettre au four à couvert à Cuisson-Temps pendant 1½ minute à code 10 (TEMPÉRATURE ÉLEVÉE).

• Laisser refroidir.

• Faire une purée avec la pêche. La réserver.

• Monter le blanc d'œuf en neige ferme.

• Ajouter la pêche et le sachet d'Egal.

• Bien mélanger. Verser dans une coupe à dessert.

• Réfrigérer avant de servir.

DÎNER

Escalope de veau parmesan
Chou braisé
Poire aurore

SOUPER

Poulet farci
Aubergine torino
Salade de fruits maison

ESCALOPE DE VEAU PARMESAN

Ingrédients :   100 g (3½ oz) d'escalope de veau

30 ml (2 c. à soupe) de sauce tomate

1 ml (¼ c. à thé) d'origan et de thym

15 g (½ oz) de parmesan râpé

Préparation : • Dans un plat pour micro-ondes, déposer l'escalope.

• Ajouter la sauce tomate, les épices et le fromage.

• Mettre au four sans couvrir à Cuisson-Temps pendant 1½ minute à code 10 (TEMPÉRATURE ÉLEVÉE).

• Servir bien chaud.

CHOU
BRAISÉ

Ingrédients :   250 ml (1 tasse) de chou

3 g ($\frac{1}{2}$ c. à thé) de bouillon de bœuf déshydraté sans gras

62 ml ($\frac{1}{4}$ tasse) d'eau

Préparation : • Laver le chou, le couper grossièrement.

• Déposer tous les ingrédients dans un plat pour four micro-ondes et mettre au four à Cuisson-Temps pendant 7 minutes à code 10 (TEMPÉRATURE ÉLEVÉE).

• Laisser reposer pendant 3 à 4 minutes.

• Servir.

POIRE AURORE

Ingrédients :   1 belle poire moyenne fraîche

2 fraises

½ sachet d'Egal

15 ml (1 c. à soupe) de yogourt nature

Préparation :
- Peler la poire, enlever les pépins et la couper en 8 morceaux.
- Dans un petit bol pour micro-ondes, déposer les morceaux de poire et mettre au four à couvert à Cuisson-Temps pendant 1 minute à code 10 (TEMPÉRATURE ÉLEVÉE).
- Déposer dans une coupe à dessert.
- Peler les fraises, ajouter un peu d'Egal ainsi que le yogourt et bien mélanger.
- Incorporer ce mélange à la poire.
- Refroidir avant de servir.

POULET FARCI

Ingrédients :   120 g (4 oz) de blanc de poulet

30 g (1 oz) de courgette

1 ml (¼ c. à thé) de fines herbes

2 ml (½ c. à thé) de moutarde de Dijon

30 g (1 c. à soupe) de bouillon de poulet déshydraté sans gras

Poivre

Préparation : • Il est préférable de prendre une poitrine de poulet pour cette recette.

• Désosser la poitrine et mesurer la quantité qu'il faut.

• La déposer entre deux papiers cirés pour l'aplatir à l'aide d'un couteau.

• Étendre la moutarde sur la poitrine.

• Saupoudrer de fines herbes.

• Hacher la courgette en petits dés et déposer dans le centre de la poitrine.

RÉGIME 800 CALORIES

- Faire un rouleau, le maintenir à l'aide d'un cure-dent.

- Déposer la viande dans un plat pour micro-ondes, saupoudrer de poivre.

- Ajouter le bouillon de poulet.

- Mettre au four à couvert à Cuisson-Temps pendant 4 minutes à code 8 (TEMPÉRATURE MOYENNE-ÉLEVÉE).

- Laisser reposer 3 minutes.

- Servir.

AUBERGINE TORINO

Ingrédients: 180 ml (¾ tasse) d'aubergine en cubes

1 tomate en conserve

1 ml (¼ c. à thé) d'origan

Poivre et un peu de sel

Préparation: • Peler l'aubergine et la couper en cubes.

• Couper la tomate en quartiers.

• Ajouter tous les ingrédients.

• Déposer dans un plat pour micro-ondes et mettre au four à Cuisson-Temps pendant 2½ minutes à code 10 (TEMPÉRATURE ÉLEVÉE).

• Laisser reposer 2 minutes avant de servir.

SALADE DE FRUITS MAISON

Ingrédients:
30 ml (1/8 tasse) de cantaloup

½ poire fraîche (petite)

½ pêche fraîche

¼ pomme

1 fraise coupée en quartiers

5 ml (1 c. à thé) de jus de citron

Préparation:
- Couper les fruits et les mettre dans une coupe.
- Arroser de jus de citron.
- Il est préférable de faire réfrigérer quelques heures afin de mélanger les saveurs.

N.B.:
- On peut prendre des fruits en conserve non sucrés si ce n'est pas la saison des fruits frais.
- Cette recette peut se préparer la veille.

RÉGIME DE
1000
CALORIES

DÎNER

Gaspacho
Filet d'aiglefin à l'orange
Haricots verts à la lyonnaise

SOUPER

Croquette de veau
Chou-fleur au gratin
Rhubarbe aux fraises

GASPACHO

(2 portions)

Ingrédients: ½ petit oignon

½ concombre pelé et évidé

½ branche de céleri

½ piment vert

1 tomate

250 ml (1 tasse) d'eau froide

½ gousse d'ail

15 ml (1 c. à soupe) de pâte de tomate

2 ml (½ c. à thé) d'assaisonnement à l'italienne

1 ml (¼ c. à thé) de thym

3 g (½ c. à thé) de bouillon de poulet déshydraté sans gras

1 goutte de tabasco (facultatif)

Poivre

Préparation: • Dans un mélangeur (blender) mettre les légumes grossièrement hachés.

RÉGIME 1000 CALORIES

- Ajouter la pâte de tomate.
- Mélanger.
- Ajouter tous les autres ingrédients et bien mélanger.
- Réfrigérer au moins 3 heures avant de servir.
- Servir avec un glaçon dans un bol à soupe.

FILET D'AIGLEFIN À L'ORANGE

Ingrédients:

115 g (4 oz) d'aiglefin

1 orange à vif

5 ml (1 c. à thé) de piment vert

2 ml (½ c. à thé) de ciboulette

1 pincée de cari

1 pincée de persil haché

Muscade

Le jus de pulpe de l'orange

Préparation:

- Dans un plat pour micro-ondes, déposer le filet de poisson.

- Ajouter l'orange à vif c'est-à-dire peler l'orange, enlever la chair entre les parties blanches.

- Presser la pulpe pour en extraire le jus.

- Ajouter tous les autres ingrédients.

- Cuire à couvert à Cuisson-Temps pendant 2 minutes à code 10 (TEMPÉRATURE ÉLEVÉE).

- Servir.

HARICOTS VERTS À LA LYONNAISE

Ingrédients : 250 ml (1 tasse) de haricots verts

30 ml (2 c. à soupe) d'eau

½ petit oignon émincé

Persil haché

2 ml (½ c. à soupe) de ciboulette

Quelques gouttes de jus de citron

Préparation :
- Laver les haricots.
- Les déposer avec l'eau dans un plat pour micro-ondes.
- Cuire à couvert à Cuisson-Temps pendant 5 minutes à code 10 (TEMPÉRATURE ÉLEVÉE).
- Laisser reposer 3 minutes.
- Dans un autre plat pour micro-ondes, déposer l'oignon, la ciboulette et le jus de citron.
- Couvrir et mettre au four à Cuisson-Temps pendant 1 minute à code 10 (TEMPÉRATURE ÉLEVÉE).
- Mélanger les deux préparations
- Servir et saupoudrer de persil.

CROQUETTE DE VEAU

Ingrédients: 100 g (3½ oz) de veau haché

15 ml (1 c. à soupe) d'oignon haché finement

¼ de piment vert émincé

¼ de piment rouge émincé

5 ml (1 c. à thé) de persil haché

2 g (¼ c. à thé) de bouillon de poulet déshydraté sans gras

60 ml (¼ tasse) d'eau

2 ml (½ c. à thé) de sauce soya

2 champignons émincés

1 ml (¼ c. à thé) de fécule de maïs

1 ml (¼ c. à thé) de romarin

Sel et poivre

Préparation: • Mélanger la viande, l'oignon et les fines herbes et en façonner deux croquettes.

• Saler très peu et poivrer.

191

RÉGIME 1000 CALORIES

- Déposer les champignons et les piments dans un plat pour micro-ondes.

- Mettre au four à couvert à Cuisson-Temps pendant 2 minutes à code 10 (TEMPÉRATURE ÉLEVÉE).

- Ajouter les croquettes aux légumes ainsi que tous les autres ingrédients.

- Cuire à couvert à Cuisson-Temps pendant 2 minutes à code 10 (TEMPÉRATURE ÉLEVÉE).

- Laisser reposer 2 à 3 minutes.

- Servir.

CHOU-FLEUR AU GRATIN

Ingrédients: 250 ml (1 tasse) de chou-fleur

30 ml (2 c. à soupe) d'eau

Sel et poivre

30 ml (2 c. à soupe) de fromage mozzarella râpé partiellement écrémé

Persil haché

Préparation: • Laver les choux-fleurs.

• Les déposer dans un plat pour micro-ondes avec l'eau et cuire à couvert à Cuisson-Temps pendant 4 minutes à code 10 (TEMPÉRATURE ÉLEVÉE).

• Saler très peu et poivrer.

• Saupoudrer de fromage.

• Cuire sans couvrir à Cuisson-Temps pendant 1 minute à code 10 (TEMPÉRATURE ÉLEVÉE).

• Saupoudrer de persil haché et servir.

RHUBARBE AUX FRAISES

Ingrédients: 125 ml (½ tasse) de fraises

125 ml (½ tasse) de rhubarbe en cubes

½ sachet d'Egal

Préparation: • Dans un plat pour micro-ondes, déposer les fraises et la rhubarbe et mettre au four à Cuisson-Temps pendant 2 minutes à code 10 (TEMPÉRATURE ÉLEVÉE).

• Saupoudrer d'Egal et mélanger.

• Verser dans une coupe à dessert.

• Servir chaud ou froid.

DÎNER

Brochette de steak haché
Haricots jaunes persillés
Sorbet à l'orange et au pamplemousse

SOUPER

Flétan aux épinards
Salade César
Framboises en gelée

BROCHETTE DE STEAK HACHÉ

Ingrédients : 120 g (4 oz) de bœuf haché maigre

2 carrés de piment vert

2 carrés de piment rouge doux

3 champignons

2 tomates cerise ou 2 quartiers de tomate

15 ml (1 c. à soupe) d'oignon haché

1 pincée de chacune des fines herbes suivantes : origan, estragon, cerfeuil

Poivre

Sauce Worcestershire

Préparation : • Dans un petit bol, mélanger la viande, l'oignon, les fines herbes et le poivre

• Façonner en petites boulettes.

• Faire la brochette en alternant les boulettes de viande avec les légumes.

RÉGIME 1000 CALORIES

N.B.: Se servir de brochette en bambou ou en bois.

- Badigeonner de sauce Worcestershire.

- Cuire sans couvrir à Cuisson-Temps pendant 2 minutes à code 10 (TEMPÉRATURE ÉLEVÉE).

- Servir.

HARICOTS JAUNES PERSILLÉS

Ingrédients: 250 ml (1 tasse) de haricots jaunes

5 ml (1 c. à thé) de persil haché

Jus de citron

30 ml (2 c. à soupe) d'eau

½ gousse d'ail émincée

Sel et poivre

Préparation:
- Déposer les haricots ainsi que l'eau et l'ail dans un plat pour micro-ondes.
- Cuire à couvert à Cuisson-Temps pendant 5 minutes à code 10 (TEMPÉRATURE ÉLEVÉE).
- Arroser de jus de citron et saupoudrer de persil.
- Saler très peu et poivrer.
- Laisser reposer 3 minutes.
- Servir.

SORBET À L'ORANGE ET AU PAMPLEMOUSSE

(2 portions)

Ingrédients :
1 orange à vif

½ pamplemousse rose ou blanc

1 sachet d'Egal

Feuille de menthe

Préparation :
- Détailler l'orange à vif, c'est-à-dire peler et enlever la chair entre les parties blanches.
- Presser la pulpe pour en extraire le jus.
- Mettre le tout au mélangeur (blender) avec le sachet d'Egal.
- Déposer la purée obtenue dans des cubes de glace.
- Réfrigérer 2 heures en remuant de temps à autre.
- Avant de servir, laisser reposer à la température de la pièce pendant 5 minutes.
- Déposer à la cuillère dans une coupe à sorbet.
- Décorer avec une feuille de menthe.
- Servir.

FLÉTAN AUX ÉPINARDS

Ingrédients:

100 g (3½ oz) de flétan coupé en morceaux

250 ml (1 tasse) d'épinards

15 ml (1 c. à soupe) d'eau

Jus de citron

22 ml (1½ c. à soupe) de yogourt nature

22 ml (1½ c. à soupe) de fromage mozzarella râpé partiellement écrémé

Une pincée de muscade

Préparation:
- Laver les épinards et couper les queues.
- Les déposer dans un plat pour micro-ondes et mettre au four à couvert à Cuisson-Temps pendant 3 minutes à code 10 (TEMPÉRATURE ÉLEVÉE).
- Égoutter les épinards et hacher grossièrement.
- Dans un autre plat pour micro-ondes, mettre le flétan, l'eau et le jus de citron.

RÉGIME 1000 CALORIES

- Cuire à couvert à Cuisson-Temps pendant 1½ minute à code 10 (TEMPÉRATURE ÉLEVÉE).

- Ajouter les épinards au flétan.

- Napper de yogourt et saupoudrer de fromage.

- Cuire sans couvrir à Cuisson-Temps pendant 1½ minute à code 10 (TEMPÉRATURE ÉLEVÉE).

- Au moment de servir saupoudrer d'une pincée de muscade.

SALADE CÉSAR

Ingrédients : 3 feuilles de salade romaine

15 ml (1 c. à soupe) de yogourt nature

Jus de citron

4 à 5 croûtons à salade

5 ml (1 c. à thé) de fromage parmesan râpé

½ gousse d'ail hachée

Sel et poivre

Préparation : • Laver la salade, la déchirer et la mettre dans un petit saladier.

• Ajouter les croûtons ainsi que le fromage.

• Faire une petite vinaigrette avec le yogourt, le jus de citron et l'ail haché.

• Incorporer à la salade et bien mélanger.

• Saler très peu et poivrer.

• Servir.

FRAMBOISES EN GELÉE

Ingrédients: 125 ml (½ tasse) de Jello léger aux framboises

185 ml (¾ tasse) de framboises

Quelques gouttes de jus de citron

Préparation:
- Faire le Jello suivant le mode d'emploi et en mesurer 125 ml.
- Ajouter le jus de citron et les framboises.
- Verser dans une coupe à dessert.
- Réfrigérer au moins 2 heures avant de servir.

DÎNER

Filet de poisson aux raisins verts
Courgette au gratin

SOUPER

Foie de veau pékinois
Fenouil braisé
Poire du Lac Saint-Jean

FILET DE POISSON AUX RAISINS VERTS

Ingrédients: 100 g (3½ oz) de filet de poisson (sole, aiglefin, flétan)

1 échalote verte hachée

15 ml (1 c. à soupe) de vin blanc

10 raisins verts sans pépin coupés en deux

1 pincée de chacune des fines herbes suivantes: cerfeuil, estragon, persil

15 ml (1 c. à soupe) d'eau

Poivre

Préparation: • Dans un plat pour micro-ondes, déposer le filet de poisson.

• Ajouter le vin blanc et l'eau.

• Saupoudrer avec les fines herbes et l'échalote.

• Cuire à couvert à Cuisson-Temps pendant 2 minutes à code 10 (TEMPÉRATURE ÉLEVÉE).

• Retirer le filet du plat.

RÉGIME 1000 CALORIES

- Faire réduire le fond de cuisson à Cuisson-Temps pendant 2 minutes à code 10 (TEMPÉRATURE ÉLEVÉE).

- Ajouter le yogourt, les raisins et le poivre.

- Cuire à Cuisson-Temps pendant 30 secondes à code 10 (TEMPÉRATURE ÉLEVÉE).

- Napper le filet de ce mélange et servir.

COURGETTE AU GRATIN

Ingrédients : 250 ml (1 tasse) de courgette en cubes

15 ml (1 c. à soupe) d'oignon haché

15 ml (1 c. à soupe) de piment vert

5 ml (1 c. à thé) de pâte de tomate

15 ml (1 c. à soupe) d'eau

22 ml (1½ c. à soupe) de fromage râpé mozzarella partiellement écrémé

1 pincée d'origan

1 pincée de basilic

Sel et poivre

Préparation :
- Dans un plat pour micro-ondes, mélanger tous les ingrédients, sauf le fromage.
- Cuire à couvert à Cuisson-Temps pendant 3½ minutes à code 10 (TEMPÉRATURE ÉLEVÉE).
- Saler très peu et poivrer.
- Saupoudrer de fromage et faire fondre au four à Cuisson-Temps pendant 1 minute à code 10 (TEMPÉRATURE ÉLEVÉE).
- Servir.

FOIE DE VEAU PÉKINOIS

Ingrédients:
115 g (4 oz) de foie de veau

15 ml (1 c. à soupe) d'oignon haché

22 ml (1½ c. à soupe) de piment vert haché

½ gousse d'ail hachée

1 tomate pelée coupée en quartiers

5 ml (1 c. à thé) de persil frais

2 ml (½ c. à thé) de sauce soya

Poivre

Préparation:
- Dans un plat pour micro-ondes, déposer les légumes.
- Cuire à couvert à Cuisson-Temps pendant 2 minutes à code 10 (TEMPÉRATURE ÉLEVÉE).
- Ajouter le foie, la sauce soya, le persil et le poivre.
- Cuire à couvert à Cuisson-Temps pendant 1½ minute à code 10 (TEMPÉRATURE ÉLEVÉE).
- Servir.

FENOUIL BRAISÉ

Ingrédients : 1 petite racine de fenouil fraîche

5 ml (1 c. à thé) de persil haché

15 ml (1 c. à soupe) d'eau

Jus de citron

½ gousse d'ail hachée

1 ml (¼ c. à thé) d'origan

1 tomate en conserve

22 ml (1½ c. à soupe) de fromage mozzarella partiellement écrémé

Préparation : • Laver le fenouil, le couper en 8 morceaux.

• Le déposer dans un plat pour micro-ondes.

• Ajouter le jus de citron et l'eau.

• Saupoudrer de persil, saler très peu et poivrer.

• Cuire à couvert à Cuisson-Temps pendant 4 minutes à code 10 (TEMPÉRATURE ÉLEVÉE).

RÉGIME 1000 CALORIES

- Dans un petit bol, mélanger la tomate, l'origan et l'ail.

- Ajouter au fenouil.

- Cuire à couvert à Cuisson-Temps pendant 3 minutes à code 10 (TEMPÉRATURE ÉLEVÉE).

- Ajouter le fromage.

- Cuire sans couvrir à Cuisson-Temps pendant 1 minute à code 10 (TEMPÉRATURE ÉLEVÉE).

- Servir.

POIRE DU LAC SAINT-JEAN

Ingrédients: 1 poire

Jus de citron

10 petits bleuets

5 ml (1 c. à thé) de yogourt nature

½ sachet d'Egal

Préparation:
- Peler la poire, la couper en deux et enlever les pépins.
- Déposer les deux moitiés dans un petit plat pour micro-ondes.
- Arroser de jus de citron.
- Cuire sans couvrir à Cuisson-Temps pendant 1 minute à code 10 (TEMPÉRATURE ÉLEVÉE).
- Dans un autre bol, écraser les bleuets, ajouter le yogourt et l'Egal. Mélanger.
- Mettre les morceaux de poire dans une petite assiette à dessert.
- Garnir les moitiés de poire avec le mélange.
- Réfrigérer et servir.

DÎNER

Poulet chasseur
Brochette de légumes
Mousse aux pommes

SOUPER

Bœuf Strogonoff
Champignons au jus
Pêche melba

POULET CHASSEUR

Ingrédients : 120 g (4 oz) de poulet

60 ml (¼ tasse) d'eau

15 ml (1 c. à soupe) de vin blanc

4 champignons émincés

15 ml (1 c. à soupe) d'oignon

3 g (½ c. à thé) de bouillon à l'oignon déshydraté sans gras

5 ml (1 c. à thé) de pâte de tomate

1 pincée de chacune des fines herbes suivantes : persil, estragon cerfeuil

Sel et poivre

Préparation :
- Dans un plat pour micro-ondes, déposer tous les ingrédients sauf le sel.
- Cuire à couvert à Cuisson-Temps pendant 6½ minutes à code 8 (TEMPÉRATURE MOYEN-NE-ÉLEVÉE).
- Laisser reposer 4 minutes.
- Saler très peu.
- Servir.

213

BROCHETTE DE LÉGUMES

Ingrédients: 3 bouquets de brocoli

3 bouquets de chou-fleur

2 tomates miniatures ou 2 quartiers de tomate

2 carrés de piment vert

2 carrés de piment rouge

2 champignons

2 quartiers d'oignon

Préparation:
- Monter les légumes sur une brochette en bois en prenant soin de placer les tomates et les champignons au centre.
- Badigeonner avec la marinade.
- Cuire sans couvrir à Cuisson-Temps pendant 3½ minutes à code 10 (TEMPÉRATURE ÉLEVÉE).
- Servir.

RÉGIME 1000 CALORIES

MARINADE

Ingrédients : 30 ml (2 c. à soupe) de jus de tomate

1 ml (¼ c. à thé) de marjolaine

¼ de gousse d'ail hachée

1 ml (¼ c. à thé) de persil haché

Sel et poivre

Préparation : • Mélanger tous les ingrédients.

• Saler très peu et poivrer.

• Badigeonner la brochette.

MOUSSE AUX POMMES

Ingrédients :   1 pomme

22 ml (1½ c. à soupe) de jus de citron

1 blanc d'œuf

½ sachet d'Egal

Préparation : • Peler et râper la pomme.

• Arroser de jus de citron.

• Déposer dans un plat pour micro-ondes et mettre au four à couvert à Cuisson-Temps pendant 30 secondes à code 10 (TEMPÉRATURE ÉLEVÉE).

• Fouetter le blanc d'œuf jusqu'à l'obtention d'un pic ferme.

• Saupoudrer d'Egal.

• Mélanger délicatement les râpures de pomme au blanc d'œuf.

• Verser dans une coupe à dessert.

• Réfrigérer et servir.

BOEUF STROGONOFF

Ingrédients: 115 g (4 oz) de steak minute tranché en lanières

15 ml (1 c. à soupe) de piment vert coupé en dés

15 ml (1 c. à soupe) d'oignon haché

15 ml (1 c. à soupe) de vin blanc

2 ml (½ c. à thé) de pâte de tomate

3 champignons émincés

2 ml (½ c. à thé) de fines herbes

1 ml (¼ c. à thé) de fécule de maïs

1 goutte de sauce Worcestershire

60 ml (¼ tasse) d'eau

Sel et poivre

2 g (¼ c. à thé) de bouillon de bœuf déshydraté sans gras

Préparation: • Dans un plat pour micro-ondes, déposer tous les ingrédients sauf le sel.

RÉGIME 1000 CALORIES

- Bien mélanger le tout.
- Cuire à couvert à Cuisson-Temps pendant 8 minutes à code 10 (TEMPÉRATURE ÉLEVÉE).
- Laisser reposer 5 minutes.
- Saler très peu et servir.

CHAMPIGNONS AU JUS

Ingrédients: 250 ml (1 tasse) de champignons émincés

45 ml (3 c. à soupe) de jus de tomate

1 ml (¼ c. à thé) de basilic

1 pincée de persil haché

Sel et poivre

Préparation:
- Dans un plat pour micro-ondes, mélanger les champignons, le jus de tomate et le basilic.
- Saler très peu et poivrer.
- Cuire à couvert à Cuisson-Temps pendant 2½ minutes à code 10 (TEMPÉRATURE ÉLEVÉE).
- Saupoudrer de persil et servir.

PÊCHE MELBA

Ingrédients : 1 pêche fraîche ou en conserve

4 framboises

15 ml (1 c. à soupe) de yogourt nature

½ sachet d'Egal

Préparation :
- Si la pêche est fraîche, la peler et la couper en 4.
- Cuire sans couvrir à Cuisson-Temps pendant 1 minute à code 10 (TEMPÉRATURE ÉLEVÉE).
- Déposer les morceaux de pêche dans une coupe à dessert.
- Ajouter le yogourt au centre de la pêche.
- Dans un petit bol, réduire les framboises en purée et saupoudrer d'Egal.
- Napper la pêche du mélange obtenu.
- Réfrigérer et servir.

DÎNER

Omelette aux fines herbes
Choux de Bruxelles à l'échalote
Assiette de fruits au fromage

SOUPER

Bouillon de bœuf
Salade niçoise
Bleuets au yogourt

OMELETTE AUX FINES HERBES

Ingrédients: 2 œufs

1 ml (¼ c. à thé) de ciboulette

2 ml (½ c. à thé) de fines herbes

Sel et poivre

Préparation:
- Dans un petit bol, battre les œufs en y incorporant les fines herbes.
- Saler très peu et poivrer.
- Verser dans un plat pour micro-ondes.
- Mettre au four et cuire sans couvrir à Cuisson-Temps pendant 1 à 1½ minute à code 10 (TEMPÉRATURE ÉLEVÉE).
- Décorer d'un bouquet de persil.
- Servir.

CHOUX DE BRUXELLES À L'ÉCHALOTE

Ingrédients: 250 ml (1 tasse) de choux de Bruxelles

30 ml (2 c. à soupe) d'eau

1 échalote verte hachée

Quelques gouttes de citron

Préparation:
- Laver les choux de Bruxelles en prenant soin d'enlever les feuilles flétries.
- Déposer les choux et l'eau dans un plat pour micro-ondes.
- Cuire à couvert à Cuisson-Temps pendant 4 minutes à code 10 (TEMPÉRATURE ÉLEVÉE).
- Laisser reposer 2 minutes.
- Dans un petit plat pour micro-ondes, déposer l'échalote hachée.
- Arroser de jus de citron.
- Cuire à couvert à Cuisson-Temps pendant 1 minute à code 10 (TEMPÉRATURE ÉLEVÉE).
- Ajouter l'échalote aux choux de Bruxelles et mélanger.
- Servir.

ASSIETTE DE FRUITS AU FROMAGE

Ingrédients : 1 feuille de laitue

30 g (1 oz) de fromage cottage

250 ml (1 tasse) de fruits soit : pêche, poire, framboise, fraise, pomme, cantaloup, orange

Préparation : • Déposer la feuille de laitue dans une assiette.

• Ajouter le fromage cottage au centre.

• Prendre des fruits de saison, les couper en quartiers et les placer tout autour de l'assiette.

• Servir.

BOUILLON DE BOEUF

Ingrédients: 250 ml (1 tasse) d'eau

3 g (½ c. à thé) de bouillon de bœuf déshydraté sans gras

1 tomate

5 ml (1 c. à thé) de ciboulette

Sel et poivre

Préparation: • Dans un plat pour micro-ondes, mettre l'eau, le bouillon, la tomate pelée et évidée ainsi que la ciboulette.

• Cuire à couvert à Cuisson-Temps pendant 4 minutes à code 10 (TEMPÉRATURE ÉLEVÉE).

• Saler très peu et poivrer.

• Servir.

SALADE NIÇOISE

Ingrédients: 250 ml (1 tasse) de haricots verts cuits

4 quartiers de tomate

½ œuf cuit dur coupé en rondelles

10 g (3 oz) de thon en morceaux

15 ml (1 c. à soupe) de yogourt nature

15 ml (1 c. à soupe) de céleri coupé en dés

15 ml (1 c. à soupe) d'échalote hachée

1 rondelle d'oignon défaite en anneaux pour la garniture

Poivre et persil haché

Préparation: • Dans un saladier, mettre tous les ingrédients sauf la rondelle d'oignon.

• Mélanger le tout.

• Garnir avec les anneaux d'oignon.

• Saupoudrer de persil.

• Servir.

BLEUETS AU YOGOURT

Ingrédients: 125 ml (½ tasse) de bleuets

½ sachet d'Egal

15 ml (1 c. à soupe) de yogourt

Préparation: • Dans un petit bol, mélanger les bleuets et l'Egal.

• Si ce sont des bleuets congelés, les faire dégeler au préalable.

• Verser dans une coupe à dessert.

• Déposer le yogourt au centre.

• Servir.

DÎNER

Cocktail de crevettes
Champignons farcis
Pêche au vin blanc

SOUPER

Osso Bucco
Chou-fleur mariné
Gelée de poire

COCKTAIL DE CREVETTES

Ingrédients: 100 g (3½ oz) de crevettes

125 ml (½ tasse) de salade ciselée

5 ml (1 c. à thé) de sauce Chili

22 ml (1½ c. à soupe) de yogourt

1 quartier de citron

Persil haché

Préparation:
- Faire un lit avec la salade ciselée.
- Faire un petit trou au centre et y déposer la sauce que l'on aura préparée préalablement avec le yogourt et la sauce Chili.
- Déposer les crevettes autour.
- Saupoudrer la sauce de persil.
- Servir avec un quartier de citron.

CHAMPIGNONS FARCIS

Ingrédients :   5 chapeaux de champignons

1 ou 2 queues de champignons hachées

1 petite gousse d'ail hachée finement

22 ml (1½ c. à soupe) de fromage mozzarella partiellement écrémé

Sel et poivre

Préparation :
- Laver les chapeaux de champignons et les déposer dans un plat pour micro-ondes.
- Farcir avec les queues de champignons et l'ail.
- Saler très peu et poivrer.
- Ajouter le fromage râpé.
- Cuire sans couvrir à Cuisson-Temps pendant 1½ minute à code 10 (TEMPÉRATURE ÉLEVÉE).
- Servir chaud.

PÊCHE AU VIN BLANC

Ingrédients :   1 pêche fraîche ou en conserve

5 ml (1 c. à thé) de vin blanc

½ sachet d'Egal

Préparation : • Peler la pêche ou la rincer si elle est en conserve, la couper en morceaux et la déposer dans une coupe à dessert.

• Ajouter le vin et l'Egal.

• Rafraîchir 1 heure avant de servir.

OSSO BUCCO

(4 portions)

Ingrédients: 500 g (1 livre) de jarret de veau en tranche d'un pouce d'épaisseur

30 ml (2 c. à soupe) d'oignon haché

2 champignons émincés

60 ml (¼ tasse) de céleri haché

30 ml (2 c. à soupe) de persil haché

2 tomates en conserve

3 g (½ c. à thé) de bouillon de poulet déshydraté sans gras

15 ml (1 c. à soupe) de jus de citron

125 ml (½ tasse) d'eau

15 ml (1 c. à soupe) de pâte de tomate

Zeste de citron

Sel et poivre

Préparation: • Dans une poêle teflon, faire revenir les jarrets de veau sans gras jusqu'à coloration.

RÉGIME 1000 CALORIES

- Les déposer dans un plat pour micro-ondes.
- Cuire à couvert à Cuisson-Temps pendant 3 minutes à code 10 (TEMPÉRATURE ÉLEVÉE).
- Ajouter les autres ingrédients sauf le sel.
- Cuire à couvert à Cuisson-Temps pendant 30 minutes à code 6 (TEMPÉRATURE MOYENNE-ÉLEVÉE).
- Saler très peu.
- Laisser reposer 5 à 6 minutes.
- Servir.

CHOU-FLEUR MARINÉ

Ingrédients :   250 ml (1 tasse) de chou-fleur

30 ml (2 c. à soupe) d'eau

30 ml (2 c. à soupe) de vinaigre

3 feuilles d'épinard

5 ml (1 c. à thé) de piment rouge coupé en dés

¼ de gousse d'ail

1 ml (¼ c. à thé) de graines d'aneth

¼ sachet d'Egal

Persil haché

Sel et poivre

Préparation : • Laver les bouquets de chou-fleur et les déposer dans un plat pour micro-ondes.

• Ajouter l'eau.

• Cuire à couvert à Cuisson-Temps pendant 1 minute à code 10 (TEMPÉRATURE ÉLEVÉE).

RÉGIME 1000 CALORIES

- Enlever le surplus d'eau et ajouter les autres ingrédients.
- Faire mariner au réfrigérateur pendant 2 heures et brasser de temps en temps.
- Égoutter.
- Servir sur des feuilles d'épinard.

GELÉE DE POIRE

Ingrédients : 1 poire

Le jus d'un quart de citron

2 ml (½ c. à thé) de gélatine neutre

1 fraise écrasée

15 ml (1 c. à table) d'eau froide

1 sachet d'Egal

125 ml (½ tasse) d'eau

Préparation :
- Faire gonfler la gélatine dans l'eau froide.

- Dans un plat pour micro-ondes, mettre l'eau, le jus de citron et la fraise écrasée et cuire à Cuisson-Temps pendant 1 minute à code 10 (TEMPÉRA-TURE ÉLEVÉE).

- Dissoudre la gélatine avec le liquide chaud.

- Ajouter le sachet d'Egal ainsi que la poire pelée et coupée en morceaux.

- Réfrigérer 2 heures avant de servir.

DÎNER

Crème de champignons
Gratin d'épinards
Framboise surprise

SOUPER

Jus de légumes Tania
Omelette printanière
Abricot farci

CRÈME DE CHAMPIGNONS

Ingrédients :

125 ml (½ tasse) d'eau

125 ml (½ tasse) de champignons en morceaux

15 ml (1 c. à soupe) d'oignon haché

125 ml (½ tasse) de crème de champignons réduite en gras de moitié

5 ml (1 c. à thé) de ciboulette

Poivre

Préparation :
- Dans un plat pour micro-ondes, déposer l'oignon et les champignons.

- Cuire à couvert à Cuisson-Temps pendant 2 minutes à code 10 (TEMPÉRATURE ÉLEVÉE). Ajouter les autres ingrédients.

- Cuire à couvert à Cuisson-Temps pendant 8 minutes à code 10 (TEMPÉRATURE ÉLEVÉE).

- Réduire le tout en purée à l'aide d'un mélangeur (blender).

- Ajouter une pincée de ciboulette et servir.

GRATIN D'ÉPINARDS

(2 portions)

Ingrédients :   170 g (6 oz) de bœuf haché maigre

500 ml (2 tasses) d'épinards frais

60 ml (¼ tasse) de sauce tomate

¼ d'un petit oignon haché

1 gousse d'ail

2 ml (½ c. à thé) d'assaisonnement à l'italienne

2 ml (½ c. à thé) de fines herbes

22 ml (1½ c. à soupe) de fromage cottage

22 ml (1½ c. à soupe) de cheddar

2 ml (½ c. à thé) de parmesan râpé

Sel et poivre

Préparation : • Laver les épinards et casser les queues.

• Les déposer dans un plat pour micro-ondes et cuire à couvert à Cuisson-Temps pendant 3 minutes à code 10 (TEMPÉRATURE ÉLEVÉE).

239

RÉGIME 1000 CALORIES

- Dans un autre plat pour micro-ondes, mettre la viande, l'oignon et l'ail.

- Cuire à couvert à Cuisson-Temps pendant 2 minutes à code 10 (TEMPÉRATURE ÉLEVÉE).

- Il est recommandé de brasser durant le temps de cuisson afin d'empêcher la viande de prendre dans un pain.

- Ajouter la sauce tomate, l'assaisonnement à l'italienne et les fines herbes.

- Saler très peu et poivrer. Réserver.

- Hacher les épinards et ajouter le fromage cottage.

- Dans un plat à gratiner déposer la moitié du mélange de viande et ajouter le mélange d'épinard.

- Saupoudrer de fromage cheddar et finir avec la viande.

- Saupoudrer de parmesan râpé.

- Cuire sans couvrir à Cuisson-Temps pendant 5 minutes à code 10 (TEMPÉRATURE ÉLEVÉE).

- Servir.

FRAMBOISES
SURPRISE

Ingrédients : 125 ml (½ tasse) de framboises congelées

45 ml (3 c. à soupe) de jus d'orange

15 ml (1 c. à soupe) de jus de citron

1 goutte de vanille

1 pincée de cannelle

¼ de sachet d'Egal

Préparation : • Faire décongeler les framboises dans les jus.

• Lorsqu'elles sont à la température de la pièce, saupoudrer d'Egal et ajouter la vanille.

• Verser dans une coupe à dessert et ajouter la cannelle.

• Servir.

JUS DE LÉGUMES TANIA

Ingrédients :

2 tomates

2 branches de persil frais

¼ de branche de céleri coupé en cubes

¼ de piment vert coupé en morceaux

½ petit oignon haché grossièrement

1 ml (¼ c. à thé) de basilic

Sel et poivre

Préparation :

- Laver et peler les tomates.
- Les déposer dans un plat pour micro-ondes.
- Ajouter les autres ingrédients.
- Cuire à couvert à Cuisson-Temps pendant 3 minutes à code 10 (TEMPÉRATURE ÉLEVÉE).
- Cuire à nouveau à Cuisson-Temps pendant 10 minutes à code 5 (TEMPÉRATURE MOYENNE-FAIBLE).
- Passer au mélangeur (blender) très légèrement et couler.
- Saler très peu et poivrer.
- Réfrigérer au moins 1 heure avant de servir.

OMELETTE PRINTANIÈRE

Ingrédients :   2 œufs

30 g (1 oz) de fromage cottage

2 champignons émincés

4 tiges d'asperges

1 ml (¼ c. à thé) d'estragon

Sel et poivre

Préparation : • Mélanger les œufs, le fromage, les champignons, les queues d'asperges coupées en dés, l'estragon.

• Saler très peu et poivrer.

• Garder les têtes d'asperges pour la décoration.

• Déposer dans un plat pour micro-ondes.

• Cuire à couvert à Cuisson-Temps pendant 2 minutes à code 10 (TEMPÉRATURE ÉLEVÉE).

• Servir avec les pointes d'asperges tout autour.

ABRICOT
FARCI

Ingrédients: 2 abricots en conserve

5 ml (1 c. à thé) de fromage cottage

1 feuille de laitue

Préparation: • Rincer à l'eau les abricots, les égoutter et les couper en deux.

• Dresser sur une feuille de laitue.

• Ajouter le fromage cottage au centre du fruit.

• Réfrigérer quelque temps.

• Servir.

DÎNER

Poulet à la cantonaise
Épinards au jus
Compote d'abricot et de poire

SOUPER

Bœuf braisé à l'oignon
Chou à la pomme

POULET À LA CANTONAISE

Ingrédients : 115 g (4 oz) de poulet

30 ml (2 c. à soupe) d'oignon haché

¼ de gousse d'ail hachée

1 ml (¼ c. à thé) de persil haché

1 pincée d'estragon

2 g (¼ c. à thé) de bouillon de bœuf déshydraté sans gras

60 ml (¼ tasse) d'eau

1 ml (¼ c. à thé) de sauce soya

4 champignons émincés

1 ml (¼ c. à thé) de fécule de maïs

Sel et poivre

5 ml (1 c. à thé) de pâte de tomate

Préparation : • Faire saisir le poulet dans une poêle teflon sans gras jusqu'à coloration, puis réserver au chaud.

RÉGIME 1000 CALORIES

- Dans un plat pour micro-ondes mettre l'oignon, l'ail et le persil et cuire à Cuisson-Temps pendant 1 minute à code 10 (TEMPÉRATURE ÉLEVÉE).

- Ajouter le bouillon de bœuf, l'eau, la pâte de tomate, la sauce soya, l'estragon et la fécule de maïs.

- Mélanger puis déposer sur le morceau de poulet.

- Cuire à couvert à Cuisson-Temps pendant 3 minutes à code 7 (TEMPÉRATURE MOYENNE).

- Ajouter les champignons, saler très peu et poivrer.

- Cuire à Cuisson-Temps pendant 3½ minutes à code 7 (TEMPÉRATURE MOYENNE).

- Laisser reposer 5 minutes.

- Décorer d'un bouquet de persil et servir.

ÉPINARDS AU JUS

Ingrédients :   250 ml (1 tasse) d'épinards bien tassés

30 ml (2 c. à soupe) d'eau

Jus de citron

Une pincée de muscade

Sel et poivre

Préparation : • Laver les épinards et casser les queues.

• Les cuire avec l'eau à Cuisson-Temps pendant 3 minutes à code 10 (TEMPÉRATURE ÉLEVÉE).

• Égoutter, arroser de jus de citron et saupoudrer de muscade.

• Saler très peu et poivrer.

• Servir.

COMPOTE D'ABRICOT ET DE POIRE

(2 portions)

Ingrédients : 1 poire

2 abricots en conserve

Préparation :
- Rincer les abricots, peler la poire et couper en morceaux.
- Cuire à Cuisson-Temps pendant 2¼ minutes à code 10 (TEMPÉRATURE ÉLEVÉE).
- Écraser pour en faire une purée.
- Servir.

BOEUF BRAISÉ À L'OIGNON

(4 portions)

Ingrédients: 500 g (1 lb) de rôti de côte

2 oignons émincés

6 g (1 c. à thé) de bouillon à l'oignon déshydraté sans gras

250 ml (1 tasse) d'eau

Sel et poivre

Préparation: • Dans un plat pour micro-ondes mettre le bœuf, l'oignon, le bouillon et l'eau.

• Cuire à couvert à Cuisson-Temps pendant 7 minutes à code 10 (TEMPÉRATURE ÉLEVÉE).

• Baisser le degré de cuisson à code 3 (TEMPÉRA-TURE FAIBLE) pendant 40 minutes.

• Laisser reposer 10 minutes avant de servir.

CHOU À LA POMME

Ingrédients : 250 ml (1 tasse) de chou râpé

1 pomme

37 ml (2½ c. à soupe) de vinaigre

½ sachet d'Egal

Sel et poivre

Préparation :
- Dans un plat pour micro-ondes, mettre le chou, la pomme pelée et coupée en cubes, le vinaigre et le demi-sachet d'Egal.
- Saler très peu et poivrer.
- Cuire à couvert à Cuisson-Temps pendant 6½ minutes à code 10 (TEMPÉRATURE ÉLEVÉE).
- Servir.

DÎNER

Darne de saumon à l'aneth
Sauce à l'aneth
Brocoli à l'italienne
Pruneau à l'orange

SOUPER

Bœuf bourguignon
Tomate provençale
Croustillant aux pommes

DARNE DE SAUMON À L'ANETH

Ingrédients:　100 g (3½ oz) de darne de saumon

3 tranches d'oignon minces

3 g (½ c. à thé) de bouillon de poulet déshydraté sans gras

2 ml (½ c. à thé) d'aneth

15 ml (1 c. à soupe) de jus de citron

30 ml (2 c. à soupe) d'eau

Préparation: • Dans un plat pour micro-ondes, déposer la darne de saumon.

• Ajouter l'oignon, le jus de citron, le bouillon, l'eau et l'aneth.

• Cuire à couvert à Cuisson-Temps pendant 3 minutes à code 10 (TEMPÉRATURE ÉLEVÉE).

• Servir avec sauce à l'aneth.

SAUCE À L'ANETH

Ingrédients :   15 ml (1 c. à soupe) de yogourt nature

2 ml (½ c. à thé) de jus de citron

Le jus de cuisson du saumon

Sel et poivre

Une pincée d'aneth

Préparation : • Dans un petit bol, mélanger les ingrédients.

• Chauffer à Cuisson-Temps pendant 30 secondes à code 10 (TEMPÉRATURE ÉLEVÉE).

• Napper le saumon.

BROCOLI À L'ITALIENNE

Ingrédients: 250 ml (1 tasse) de brocoli

1 ml (¼ c. à thé) d'origan

30 ml (2 c. à soupe) d'eau

4 ou 5 quartiers de tomate

30 ml (2 c. à soupe) de fromage mozzarella partiellement écrémé

Sel et poivre

Préparation: • Dans un plat pour micro-ondes, déposer le brocoli et l'eau.

• Cuire à couvert à Cuisson-Temps pendant 4 minutes à code 10 (TEMPÉRATURE ÉLEVÉE).

• Une fois les brocolis cuits, les déposer dans un plat au gratin les tiges vers le centre.

• Ajouter les quartiers de tomate entre chaque bouquet.

• Saupoudrer d'origan, saler très peu et poivrer.

• Ajouter le fromage.

• Faire fondre le fromage à Cuisson-Temps pendant 1½ minute à code 10 (TEMPÉRATURE ÉLEVÉE).

• Servir.

PRUNEAU À L'ORANGE

Ingrédients : 2 pruneaux secs

30 ml (1/8 tasse) de jus d'orange

Préparation : • Dans un petit bol pour micro-ondes, mettre les pruneaux et le jus d'orange.

• Faire chauffer à Cuisson-Temps pendant 1½ minute à code 10 (TEMPÉRATURE ÉLEVÉE).

• Mettre au réfrigérateur pendant 1 heure.

• Servir dans une coupe à dessert.

BOEUF BOURGUIGNON

Ingrédients:

115 g (4 oz) de bœuf en cubes

125 ml (½ tasse) d'eau

3 g (½ c. à thé) de bouillon à l'oignon déshydraté sans gras

15 ml (1 c. à soupe) d'oignon haché

22 ml (1½ c. à soupe) de vin rouge

1 ml (¼ c. à thé) de thym

1 feuille de laurier

3 à 4 champignons émincés

2 ml (½ c. à thé) de fécule de maïs

Persil haché

Sel et poivre

Préparation:
- Dans un plat pour micro-ondes, mélanger tous les ingrédients sauf les champignons.
- Cuire à couvert à Cuisson-Temps pendant 23 minutes à code 3 (TEMPÉRATURE FAIBLE).

257

RÉGIME 1000 CALORIES

- Ajouter les champignons 3 ou 4 minutes avant la fin de la cuisson.
- Laisser reposer 5 ou 6 minutes.
- Servir en saupoudrant de persil.

TOMATE PROVENÇALE

Ingrédients: 1 tomate

1 ml (¼ c. à thé) d'origan

½ gousse d'ail hachée

1 ml (¼ c. à thé) de persil haché

5 ml (1 c. à thé) de chapelure

1 feuille de laitue

Sel et poivre

Préparation:
- Laver la tomate, enlever la pédoncule et la couper en deux.
- Mettre dans un plat pour micro-ondes.
- Sur la tomate ajouter l'origan, l'ail et le persil.
- Saler très peu et poivrer.
- Saupoudrer de chapelure.
- Cuire sans couvrir à Cuisson-Temps pendant 1½ minute à code 10 (TEMPÉRATURE ÉLEVÉE).
- Déposer la tomate sur la feuille de laitue.
- Servir.

CROUSTILLANT AUX POMMES

Ingrédients : 1 pomme à cuire

22 ml (1½ c. à soupe) de farine d'avoine (gruau)

½ sachet d'Egal

Jus de citron

Pincée de cannelle

Pincée de muscade

Préparation :
- Peler la pomme et la couper en morceaux.
- La mettre dans un petit bol pour micro-ondes.
- Arroser de jus de citron, saupouder d'Egal.
- Mélanger le gruau, la cannelle et la muscade.
- Déposer sur la pomme.
- Cuire sans couvrir à Cuisson-Temps pendant 1½ minute à code 10 (TEMPÉRATURE ÉLEVÉE).
- Servir.

N.B. : Dans ce menu, la CHAPELURE AINSI QUE LA FARINE D'AVOINE (GRUAU) REMPLACENT UNE PORTION DE PAIN.

RÉGIME DE
1200
CALORIES

DÎNER

Potage cultivateur
Brochette de fruits de mer
Fruits boule de neige

SOUPER

Pâté chinois
Salade d'endives et de concombres
Blanc manger aux bleuets

POTAGE CULTIVATEUR

Ingrédients :   250 ml (1 tasse) d'eau

1 échalote verte hachée

125 ml (½ tasse) de chacun des légumes suivants : carotte, céleri, navet

6 g (1 c. à thé) de bouillon à l'oignon déshydraté sans gras

1 tomate en conserve

1 ml (¼ c. à thé) de thym

Poivre

Préparation : • Couper les légumes en cubes.

• Les déposer dans un plat pour micro-ondes ainsi que l'échalote et la tomate hachées.

• Cuire à couvert à Cuisson-Temps pendant 4 minutes à code 10 (TEMPÉRATURE ÉLEVÉE).

• Ajouter les autres ingrédients et cuire à Cuisson-Temps pendant 13 minutes à code 10 (TEMPÉRA-TURE ÉLEVÉE).

• Servir.

BROCHETTE DE FRUITS DE MER

Ingrédients: 115 g (4 oz) de crevettes et de pétoncles

2 carrés de piment vert

2 carrés de piment rouge

3 petits choux de Bruxelles

1 bouquet de brocoli

2 carrés d'oignon

2 têtes de champignon

Préparation:
- Dans un plat pour micro-ondes, déposer les carrés de piment, les choux de Bruxelles, le brocoli et l'oignon.
- Cuire à couvert à Cuisson-Temps pendant 2 minutes à code 10 (TEMPÉRATURE ÉLEVÉE).
- Une fois que les légumes sont blanchis, monter la brochette en alternant fruits de mer et légumes.
- Badigeonner la brochette d'une marinade dijonnaise.

RÉGIME 1200 CALORIES

- Cuire à Cuisson-Temps pendant 2 minutes à code 10 (TEMPÉRATURE ÉLEVÉE).
- Tourner la brochette à la mi-cuisson.
- Servir avec des quartiers de citron.

MARINADE DIJONNAISE

Ingrédients: 30 ml (2 c. à soupe) de jus de citron

7 ml (½ c. à soupe) de moutarde de Dijon

2 ml (½ c. à thé) de sauce soya

Préparation: • Mélanger le tout.

FRUITS BOULE DE NEIGE

Ingrédients: 125 ml (½ tasse) de fraises congelées

½ banane congelée

30 ml (2 c. à soupe) de jus d'orange

Préparation: • Peler la moitié de la banane et l'envelopper dans une pellicule de plastique.

• Faire congeler au moins 2 heures.

• Une fois congelée, mettre tous les ingrédients dans un mélangeur (blender).

• Faire une belle purée lisse.

• Servir dans une coupe à dessert.

PÂTÉ CHINOIS

Ingrédients :   115 g (4 oz) de bœuf haché maigre

30 ml (2 c. à soupe) d'oignon haché

60 ml (¼ tasse) de maïs en grains

1 petite pomme de terre

30 ml (2 c. à soupe) d'eau

45 ml (3 c. à soupe) de lait 2%

Sel et poivre

Muscade

Préparation : • Dans un petit plat pour micro-ondes, cuire la viande et l'oignon à Cuisson-Temps pendant 1½ minute à code 10 (TEMPÉRATURE ÉLEVÉE) en prenant soin de remuer de temps en temps.

• Peler la pomme de terre et la couper en morceaux.

• Déposer dans un bol et ajouter l'eau.

• Cuire à couvert à Cuisson-Temps pendant 4 minutes à code 10 (TEMPÉRATURE ÉLEVÉE).

RÉGIME 1200 CALORIES

- Réduire en purée avec le lait.
- Saler très peu et poivrer.
- Dans un plat pour micro-ondes, mettre la viande, le maïs et la purée.
- Saupoudrer de muscade.
- Cuire à Cuisson-Temps pendant 2 minutes à code 10 (TEMPÉRATURE ÉLEVÉE).
- Servir.

SALADE D'ENDIVES ET DE CONCOMBRES

Ingrédients :   125 ml (½ tasse) de concombre

1 échalote verte hachée

5 ml (1 c. à thé) de persil haché

3 champignons émincés

4 feuilles d'endives

Sel et poivre

Préparation :
- Peler et vider le concombre, l'émincer et le mettre dans un petit saladier.
- Laver les feuilles d'endives et les couper finement dans le sens de la longueur.
- Mélanger tous les autres ingrédients.
- Saler très peu et poivrer.
- Ajouter la vinaigrette.
- Servir.

RÉGIME 1200 CALORIES

VINAIGRETTE À LA MOUTARDE

Ingrédients: 15 ml (1 c. à soupe) de yogourt nature

1 ml (¼ c. à thé) de moutarde de Dijon

1 ml (¼ c. à thé) de vinaigre de vin

1 goutte de sauce Worcestershire

Préparation: • Mélanger le tout et ajouter à la salade.

BLANC MANGER AUX BLEUETS

Ingrédients : 125 ml (½ tasse) de lait 2 %

1 sachet d'Egal

1 goutte de vanille

7 ml (1½ c. à thé) de fécule de maïs

125 ml (½ tasse) de bleuets

Préparation :
- Dans un plat pour micro-ondes, mélanger tous les ingrédients, sauf les bleuets.
- Cuire sans couvrir à Cuisson-Temps pendant 1½ minute à code 10 (TEMPÉRATURE ÉLEVÉE).
- Remuer de temps en temps.
- Mettre les bleuets dans une coupe à dessert et y ajouter le blanc manger.
- Réfrigérer 2 heures.
- Servir.

DÎNER

Boeuf aux carottes
Endives gratinées
Melon miel et fraises

SOUPER

Morue aux légumes
Choux de Bruxelles au yogourt
Poire au clou de girofle

BOEUF AUX CAROTTES

Ingrédients:

115 g (4 oz) de steak minute

125 ml (½ tasse) de carotte en rondelles

15 ml (1 c. à soupe) d'oignon haché

60 ml (¼ tasse) d'eau

22 ml (1½ c. à soupe) de sauce tomate

3 g (½ c. à thé) de bouillon de bœuf déshydraté sans gras

1 ml (¼ c. à thé) de thym

Sel et poivre

Préparation:

- Dans un plat pour micro-ondes, mettre les carottes, l'oignon, l'eau et le bouillon.
- Cuire à couvert à Cuisson-Temps pendant 5 minutes à code 10 (TEMPÉRATURE ÉLEVÉE).
- Ajouter la viande, la sauce tomate et le thym.
- Cuire à couvert à Cuisson-Temps pendant 5 minutes à code 8 (TEMPÉRATURE MOYENNE-ÉLEVÉE).
- Saler très peu et poivrer.
- Laisser reposer 5 minutes.
- Servir.

ENDIVES GRATINÉES

Ingrédients: 2 endives

2 rondelles de citron

30 ml (2 c. à soupe) d'eau

15 ml (1 c. à soupe) de yogourt nature

15 ml (1 c. à soupe) de fromage mozzarella râpé

Persil haché

Sel et poivre

Préparation:
- Dans un plat pour micro-ondes, mettre les endives, l'eau et les rondelles de citron.
- Saler très peu et poivrer.
- Cuire à couvert à Cuisson-Temps pendant 5 minutes à code 10 (TEMPÉRATURE ÉLEVÉE).
- Retirer les endives et les déposer dans un plat à gratiner.
- Napper de yogourt, ajouter le fromage et saupoudrer de persil.
- Cuire sans couvrir à Cuisson-Temps pendant 1½ minute à code 10 (TEMPÉRATURE ÉLEVÉE).
- Servir.

MELON MIEL ET FRAISES

Ingrédients:　4 fraises coupées en deux

125 ml (½ tasse) de melon miel coupé en cubes

½ sachet d'Egal

15 ml (1 c. à soupe) de jus de citron

Préparation: • Mettre tous les ingrédients dans un petit bol.

• Mélanger.

• Réfrigérer quelque temps.

• Servir dans une coupe à dessert.

MORUE AUX LÉGUMES

Ingrédients: 115 g (4 oz) de filet de morue

5 ml (1 c. à thé) de zeste de citron

15 ml (1 c. à soupe) de jus de citron

1 tomate en conserve

15 ml (1 c. à soupe) de piment vert émincé

15 ml (1 c. à soupe) d'oignon émincé

2 champignons émincés

1 ml (¼ c. à thé) de thym

Sel et poivre

Persil

Préparation: ● Dans un plat pour micro-ondes, déposer la tomate, le piment, l'oignon, les champignons et le zeste de citron.

● Cuire à couvert à Cuisson-Temps pendant 2 minutes à code 10 (TEMPÉRATURE ÉLEVÉE).

● Y ajouter le poisson, le thym et le jus de citron.

RÉGIME 1200 CALORIES

- Saler très peu et poivrer.

- Cuire à couvert à Cuisson-Temps pendant 2½ minutes à code 10 (TEMPÉRATURE ÉLEVÉE).

- Saupoudrer de persil et servir.

CHOUX DE BRUXELLES AU YOGOURT

Ingrédients :   250 ml (1 tasse) de choux de Bruxelles

30 ml (2 c. à soupe) d'eau

1 tomate fraîche ou en conserve hachée

2 ml (½ c. à thé) de ciboulette hachée

15 ml (1 c. à soupe) de yogourt

1 pincée de muscade

15 ml (1 c. à soupe) de parmesan râpé

Sel et poivre

Préparation : • Laver et enlever les feuilles flétries.

• Dans un plat pour micro-ondes, mettre les choux et l'eau.

• Saler très peu et poivrer.

• Cuire à couvert à Cuisson-Temps pendant 5 minutes à code 10 (TEMPÉRATURE ÉLEVÉE).

• Retirer les choux et les déposer dans un petit plat à gratiner.

RÉGIME 1200 CALORIES

- Ajouter la tomate, la ciboulette et le yogourt.
- Saupoudrer de fromage et de muscade.
- Cuire sans couvrir à Cuisson-Temps pendant 2 minutes à code 10 (TEMPÉRATURE ÉLEVÉE).
- Servir.

POIRE AU CLOU DE GIROFLE

Ingrédients :   1 poire

2 clous de girofle

15 ml (1 c. à soupe) de jus de citron

½ sachet d'Egal

Préparation :
- Peler la poire, la couper en deux et enlever les pépins.
- La déposer dans un plat pour micro-ondes.
- Piquer chaque demie avec un clou de girofle.
- Arroser de jus de citron.
- Saupoudrer d'Egal.
- Cuire sans couvrir à Cuisson-Temps pendant 1 minute à code 10 (TEMPÉRATURE ÉLEVÉE).
- Réfrigérer 1 heure avant de servir.

DÎNER

Truite au fenouil
Macédoine persillée
Ananas au yogourt

SOUPER

Consommé brunoise
Côtelette de veau à l'orange
Aubergine surprise

TRUITE AU FENOUIL

Ingrédients:　1 petite truite entière

1 branche de fenouil

1 échalote hachée

½ citron en rondelles

Persil haché

Sel et poivre

Préparation:
- Laver et éponger la truite.
- La garnir de fenouil, d'échalote et de 2 rondelles de citron.
- Saler très peu et poivrer.
- Déposer les autres rondelles de citron sur le dessus.
- Cuire à couvert à Cuisson-Temps pendant 5 minutes à code 10 (TEMPÉRATURE ÉLEVÉE).
- Laisser reposer 2 minutes.
- Peser 115 g (4 oz) de truite.
- Saupoudrer de persil et servir avec des quartiers de citron.

MACÉDOINE PERSILLÉE

Ingrédients : 125 ml (½ tasse) de carotte en cubes

125 ml (½ tasse) de céleri en cubes

125 ml (½ tasse) de navet en cubes

5 ml (1 c. à thé) de persil haché

30 ml (2 c. à soupe) d'eau

Sel et poivre

Préparation : • Mettre la macédoine et l'eau dans un plat pour micro-ondes.

• Cuire à couvert à Cuisson-Temps pendant 7 minutes à code 10 (TEMPÉRATURE ÉLEVÉE).

• Saler très peu et poivrer.

• Ajouter le persil et mélanger.

• Servir.

ANANAS AU YOGOURT

Ingrédients : 2 rondelles d'ananas

4 bleuets

15 ml (1 c. à soupe) de yogourt nature

1 feuille de laitue

Préparation : • Mélanger le yogourt et les bleuets.

• Déposer la feuille de laitue dans une petite assiette.

• Ajouter l'ananas.

• Napper de yogourt aux bleuets.

• Servir.

CONSOMMÉ BRUNOISE

Ingrédients : 250 ml (1 tasse) d'eau

6 g (1 c. à thé) de bouillon de bœuf déshydraté sans gras

1 branche de persil

1 pincée d'estragon

1 pincée d'origan

30 ml (2 c. à soupe) de chacun des légumes suivants : carotte, céleri, navet coupés en brunoise

5 ml (1 c. à thé) d'eau

Préparation :
- Dans un bol pour micro-ondes, mettre l'eau, le bouillon, le persil et les fines herbes.
- Cuire à couvert à Cuisson-Temps pendant 5 minutes à code 10 (TEMPÉRATURE ÉLEVÉE).
- Passer au tamis et réserver.
- Dans un autre petit bol, déposer la brunoise de légumes avec l'eau.

RÉGIME 1200 CALORIES

- Cuire à Cuisson-Temps pendant 2 minutes à code 10 (TEMPÉRATURE ÉLEVÉE).

- L'ajouter au consommé.

- Saler très peu et poivrer.

- Servir.

N.B.: Faire une brunoise consiste à couper des légumes en petits cubes.

CÔTELETTE DE VEAU À L'ORANGE

Ingrédients : 1 côtelette de veau

1 orange à vif

15 ml (1 c. à soupe) de zeste d'orange

2 tomates cerise coupées en deux

3 champignons émincés

1 échalote hachée

30 ml (2 c. à soupe) de piment émincé

1 ml (¼ c. à thé) de romarin

Sel et poivre

Préparation : • Enlever le surplus de gras de la côtelette.

• Faire colorer dans une poêle teflon sans gras.

• Mettre la côtelette dans un plat pour micro-ondes et y ajouter les autres ingrédients, sauf le sel.

• Cuire à couvert à Cuisson-Temps pendant 5 minutes à code 10 (TEMPÉRATURE ÉLEVÉE).

RÉGIME 1200 CALORIES

- Servir avec la garniture.

N.B.: Faire une orange à vif consiste à la peler et à enlever, à l'aide d'un couteau, la chair entre ses parties blanches.

AUBERGINE SURPRISE

Ingrédients: 250 ml (1 tasse) d'aubergine

2 champignons émincés

30 ml (2 c. à soupe) de carotte râpée

15 ml (1 c. à soupe) de yogourt nature

5 ml (1 c. à thé) de ciboulette

2 ml (½ c. à thé) de chapelure

Sel et poivre

Persil haché

Préparation: • Dans un plat pour micro-ondes, déposer les champignons, la ciboulette et les carottes râpées.

• Cuire à couvert à Cuisson-Temps pendant 2 minutes à code 10 (TEMPÉRATURE ÉLEVÉE).

• Ajouter les morceaux d'aubergine pelée et cuire à Cuisson-Temps pendant 2 minutes à code 10 (TEMPÉRATURE ÉLEVÉE).

• Saler très peu et poivrer. Mélanger.

RÉGIME 1200 CALORIES

- Déposer les légumes dans un plat à gratiner.

- Y ajouter le yogourt et saupoudrer de chapelure et de persil haché.

- Cuire sans couvrir à Cuisson-Temps pendant 1 minute à code 10 (TEMPÉRATURE ÉLEVÉE).

- Servir.

DÎNER

Homard bouilli
Salade d'épinards et de mandarine

SOUPER

Coq au vin
Purée de navet
Melon picolo

HOMARD BOUILLI

Ingrédients: 1 homard vivant

1 petit bouquet de persil

½ citron dentelé

Préparation: • Déposer le homard dans un plat pour micro-ondes, recouvrir d'une pellicule de plastique.

• Cuire à Cuisson-Temps pendant 3 minutes à code 10 (TEMPÉRATURE ÉLEVÉE).

• Casser les pinces.

• Continuer à cuire à Cuisson-Temps pendant 6½ minutes à code 6 (TEMPÉRATURE MOYENNE).

• Laisser reposer 2 minutes.

• Le fendre en deux.

• Servir avec le citron et le bouquet de persil.

SALADE D'ÉPINARDS ET DE MANDARINE

Ingrédients :   375 ml (1½ tasse) d'épinards

1 mandarine à vif

5 ml (1 c. à thé) de zeste de mandarine

Préparation : • Laver les épinards et casser les queues.

• Éponger.

• Déchirer les feuilles dans un saladier.

• Ajouter la mandarine à vif, c'est-à-dire après l'avoir pelée et en avoir enlevé la chair entre les parties blanches.

• Dans un plat pour micro-ondes, déposer le zeste de mandarine et cuire à Cuisson-Temps pendant 20 secondes à code 10 (TEMPÉRATURE ÉLEVÉE).

• Incorporer à la salade.

• Servir avec une vinaigrette tropicale.

RÉGIME 1200 CALORIES

VINAIGRETTE TROPICALE

Ingrédients: 30 ml (2 c. à soupe) de jus d'orange

2 ml (½ c. à thé) de jus de citron

2 ml (½ c. à thé) d'estragon

5 ml (1 c. à thé) de yogourt nature

Préparation: • Mélanger tous les ingrédients.

• L'ajouter à la salade d'épinards.

COQ AU VIN

Ingrédients :
115 g (4 oz) de poulet

15 ml (1 c. à soupe) d'oignon haché

30 ml (2 c. à soupe) de carotte en dés

4 champignons émincés

3 g (½ c. à thé) de bouillon de bœuf déshydraté sans gras

60 ml (¼ tasse) d'eau

2 branches de persil

1 feuille de laurier

15 ml (1 c. à soupe) de vin rouge

1 ml (1 c. à thé) de fécule de maïs

Sel et poivre

Préparation :
- Dans un plat pour micro-ondes, déposer l'eau, le bouillon, l'oignon, la carotte, la feuille de laurier et le persil.

- Cuire à couvert à Cuisson-Temps pendant 3 minutes à code 10 (TEMPÉRATURE ÉLEVÉE).

RÉGIME 1200 CALORIES

- Ajouter les autres ingrédients, sauf le sel.
- Cuire à couvert à Cuisson-Temps pendant 8 minutes à code 8 (TEMPÉRATURE MOYENNE-ÉLEVÉE).
- Saler très peu.
- Laisser reposer 5 minutes.
- Servir.

PURÉE DE NAVET

Ingrédients: 250 ml (1 tasse) de navet

30 ml (2 c. à soupe) d'eau

1 pincée de muscade

Sel et poivre

Préparation:
- Peler le navet et le couper en morceaux de même grosseur (cela facilite la cuisson).
- Ajouter l'eau.
- Cuire à couvert à Cuisson-Temps pendant 7 minutes à code 10 (TEMPÉRATURE ÉLEVÉE).
- Réduire en purée.
- Saler très peu et poivrer.
- Saupoudrer de muscade.
- Servir.

MELON PICOLO

Ingrédients : 125 ml (½ tasse) de cantaloup

125 ml (½ tasse) de melon

½ sachet d'Egal

5 framboises

Préparation : • Faire de petites boules avec le cantaloup et le melon.

• Écraser les framboises.

• Mélanger tous les ingrédients.

• Mettre dans une coupe à dessert.

• Réfrigérer 1 heure avant de servir.

DÎNER

Potage parisien
Brochette de poulet teriyaki
Céleri au yogourt

SOUPER

Foie de veau au basilic
Salade Louise
Sorbet au cantaloup et à la lime

POTAGE PARISIEN

Ingrédients : 60 ml (¼ tasse) de poireau émincé

60 ml (¼ tasse) de pomme de terre émincée

6 g (1 c. à thé) de bouillon de poulet déshydraté sans gras

250 ml (1 tasse) d'eau

1 feuille de laurier

Sel et poivre

Préparation : • Déposer le poireau et la pomme de terre dans un plat pour micro-ondes.

• Cuire à couvert à Cuisson-Temps pendant 2 minutes à code 10 (TEMPÉRATURE ÉLEVÉE).

• Ajouter les autres ingrédients.

• Saler très peu et poivrer.

• Cuire à couvert à Cuisson-Temps pendant 5 minutes à code 10 (TEMPÉRATURE ÉLEVÉE).

• Servir.

BROCHETTE DE POULET TERIYAKI

Ingrédients : 115 g (4 oz) de poulet en cubes

2 rondelles d'ananas coupées en morceaux

5 ml (1 c. à thé) de jus d'ananas

15 ml (1 c. à soupe) de sauce soya

¼ de gousse d'ail hachée

3 têtes de champignons

4 carrés de piment vert

1 pincée de gingembre

Préparation : • Déposer dans un petit bol les cubes de poulet, les morceaux d'ananas, la sauce, le jus, les légumes et le gingembre.

• Laisser mariner au réfrigérateur pendant 2 heures.

• Monter les cubes de poulet sur une broche en alternant avec les légumes et les morceaux d'ananas.

• Faire cuire la brochette à Cuisson-Temps pendant 3½ minutes à code 10 (TEMPÉRATURE ÉLEVÉE).

• Servir.

CÉLERI AU YOGOURT

Ingrédients: 250 ml (1 tasse) de céleri émincé

30 ml (2 c. à soupe) d'eau

15 ml (1 c. à soupe) de yogourt nature

Persil haché

Sel et poivre

Préparation: • Cuire le céleri avec l'eau à couvert à Cuisson-Temps pendant 4 minutes à code 10 (TEMPÉRATURE ÉLEVÉE).

• Laisser reposer 2 minutes.

• Saler très peu et poivrer.

• Mélanger le yogourt et le persil et ajouter au céleri.

• Servir.

FOIE DE VEAU AU BASILIC

Ingrédients: 115 g (4 oz) de foie de veau

30 ml (2 c. à soupe) d'oignon émincé

Jus de citron

2 ml (½ c. à thé) de basilic

Sel et poivre

Préparation:
- Déposer le foie dans un plat pour micro-ondes.
- Ajouter les autres ingrédients sauf le sel.
- Cuire à couvert à Cuisson-Temps pendant 2 minutes à code 10 (TEMPÉRATURE ÉLEVÉE).
- Saler très peu et poivrer.
- Saupoudrer de persil et servir.

SALADE LOUISE

Ingrédients: 125 ml (½ tasse) de haricots verts

125 ml (½ tasse) de concombre émincé

5 ml (1 c. à thé) de persil

Sel et poivre

2 feuilles de laitue

15 ml (1 c. à soupe) de vinaigrette

Préparation: • Dans un saladier, déchiqueter la laitue.

• Ajouter les haricots verts, le concombre et le persil.

• Saler très peu et poivrer.

• Ajouter une vinaigrette basses-calories.

• Mélanger.

• Servir.

N.B.: Pour la vinaigrette basses-calories, voir la recette de "Salade de tomate à l'échalote".

SORBET AU CANTALOUP ET À LA LIME

Ingrédients: 250 ml (1 tasse) de cantaloup

Le jus d'une ½ lime

½ sachet d'Egal

Préparation: • Peler le cantaloup et réduire en purée au mélangeur (blender).

• Ajouter le jus de lime et l'Egal.

• Faire congeler 1 heure.

• Fouetter pour obtenir un mélange homogène.

• Remettre au congélateur 2 heures.

• Laisser reposer 5 minutes à la température de la pièce.

• Servir dans une coupe à dessert.

DÎNER

Omelette aux courgettes
Crudités à la trempette
Gelée de fraises au yogourt

SOUPER

Veau marengo
Haricots jaunes à la provençale
Mousse au citron

OMELETTE AUX COURGETTES

Ingrédients: 2 œufs

15 ml (1 c. à soupe) de sauce tomate

60 ml (¼ tasse) de courgette

½ gousse d'ail hachée

5 ml (1 c. à thé) de persil haché

Sel et poivre

Préparation:
- Peler la courgette et la couper en dés.
- Déposer dans un plat pour micro-ondes avec la sauce tomate et l'ail.
- Cuire à couvert à Cuisson-Temps pendant 1 minute à code 10 (TEMPÉRATURE ÉLEVÉE).
- Battre les œufs, saler très peu et poivrer.
- Ajouter la courgette et le persil.
- Mettre dans un plat pour micro-ondes et cuire sans couvrir à Cuisson-Temps pendant 2 minutes à code 10 (TEMPÉRATURE ÉLEVÉE).
- Décorer d'un bouquet de persil et servir.

CRUDITÉS À LA TREMPETTE

Ingrédients: 125 ml (½ tasse) de brocoli)
125 ml (½ tasse) de chou-fleur

Préparation: • Laver les légumes et les mettre dans une assiette.
• Servir avec une trempette.

TREMPETTE ROUGE

Ingrédients: 22 ml (1½ c. à soupe) de yogourt nature
2 ml (½ c. à thé) de sauce Chili
5 ml (1 c. à thé) d'oignon râpé
Sel et poivre

Préparation: • Mélanger tous les ingrédients.

RÉGIME 1200 CALORIES

TREMPETTE AU CONCOMBRE

Ingrédients : 22 ml (1½ c. à soupe) de yogourt nature

15 ml (1 c. à soupe) de concombre râpé

1 goutte de tabasco

Sel et poivre

Préparation : ● Mélanger tous les ingrédients.

GELÉE DE FRAISES AU YOGOURT

Ingrédients: 250 ml (1 tasse) de fraises

3 ml (¾ c. à thé) de gélatine neutre

15 ml (1 c. à soupe) d'eau froide

1 sachet d'Egal

60 ml (¼ tasse) d'eau chaude

22 ml (1½ c. à soupe) de yogourt nature

Préparation:
- Dans un plat pour micro-ondes, déposer les fraises et l'Egal et cuire à Cuisson-Temps pendant 1 minute à code 10 (TEMPÉRATURE ÉLEVÉE).
- Réduire en purée au mélangeur (blender).
- Faire gonfler la gélatine dans l'eau froide.
- Dissoudre avec l'eau chaude.
- Mélanger avec la purée de fraises et le yogourt.
- Réfrigérer 2 heures ou jusqu'à consistance ferme.
- Servir.

VEAU
MARENGO

Ingrédients: 115 g (4 oz) de veau à ragoût

3 g (½ c. à thé) de bouillon à l'oignon déshydraté sans gras

60 ml (¼ tasse) d'eau

15 ml (1 c. à soupe) de sauce tomate

60 ml (¼ tasse) de céleri coupé en dés

3 champignons émincés

1 tomate en conserve écrasée

1 petite gousse d'ail hachée

1 feuille de laurier

1 ml (¼ c. à thé) d'origan

1 ml (¼ c. à thé) de romarin

2 ml (½ c. à thé) de persil haché

Sel et poivre

Préparation: • Couper le veau en cubes.

• Déposer dans un plat pour micro-ondes avec le bouillon et l'eau.

- Cuire à couvert à Cuisson-Temps pendant 3 minutes à code 10 (TEMPÉRATURE ÉLEVÉE).

- Ajouter tous les autres ingrédients sauf le sel.

- Cuire à couvert à Cuisson-Temps pendant 15 minutes à code 5 (TEMPÉRATURE MOYENNE-FAIBLE).

- Saler très peu et poivrer.

- Laisser reposer 8 minutes.

- Servir.

HARICOTS JAUNES À LA PROVENÇALE

Ingrédients: 375 ml (1½ tasse) de haricots jaunes

45 ml (3 c. à soupe) d'eau

22 ml (1½ c. à soupe) de sauce tomate

¼ de gousse d'ail

1 ml (¼ c. à thé) d'estragon

1 ml (¼ c. à thé) de persil

Sel et poivre

Préparation: • Laver les haricots et les couper en deux.

• Déposer dans un plat pour micro-ondes avec les autres ingrédients.

• Cuire à couvert à Cuisson-Temps pendant 5 minutes à code 10 (TEMPÉRATURE ÉLEVÉE).

• Laisser reposer 2 minutes.

• Servir.

MOUSSE AU CITRON

Ingrédients :
1 citron

5 ml (1 c. à thé) de zeste de citron

1 blanc d'œuf

1 sachet d'Egal

2 ml (½ c. à thé) de gélatine

30 ml (2 c. à soupe) d'eau froide

Préparation :
- Faire le zeste de citron.
- Chauffer le citron à code 10 (TEMPÉRATURE ÉLEVÉE) pendant 30 secondes pour obtenir plus de jus.
- Presser le citron.
- Faire fondre la gélatine avec la moitié du sachet d'Egal et l'eau froide.
- Cuire à Cuisson-Temps pendant 15 secondes à code 10 (TEMPÉRATURE ÉLEVÉE).
- Ajouter le jus de citron et le zeste.

- Réfrigérer jusqu'à épaississement.
- Monter en neige le blanc d'œuf avec le reste du sachet d'Egal.
- Mélanger avec la gelée de citron.
- Mettre dans une coupe.
- Réfrigérer 2 heures.

RÉGIME 1200 CALORIES

DÎNER

Poulet aux légumes
Chou-fleur sicilien
Pêche avec purée de fraises

SOUPER

Flétan anacapri
Carottes au thym
Mousse à la rhubarbe

POULET AUX LÉGUMES

Ingrédients : 115 g (4 oz) de poulet

30 ml (2 c. à soupe) de carotte en dés

½ branche de céleri en dés

30 ml (2 c. à soupe) d'oignon haché

1 ml (¼ c. à thé) de basilic

1 ml (¼ c. à thé) de thym

15 ml (1 c. à soupe) de vin blanc

15 ml (1 c. à soupe) de jus de citron

5 ml (1 c. à thé) de zeste de citron

3 g (½ c. à thé) de bouillon de poulet déshydraté sans gras

60 ml (¼ tasse) d'eau

Une pincée de persil

Sel et poivre

Préparation : • Dans un plat pour micro-ondes mettre les légumes, les fines herbes, le liquide, le zeste et le bouillon.

RÉGIME 1200 CALORIES

- Cuire à couvert à Cuisson-Temps pendant 3 minutes à code 10 (TEMPÉRATURE ÉLEVÉE).

- Ajouter le poulet et continuer la cuisson à couvert pendant 9½ mintes à code 8 (TEMPÉRATURE MOYENNE-ÉLEVÉE).

- Saler très peu et poivrer.

- Laisser reposer 5 minutes.

- Décorer d'une pincée de persil.

- Servir.

CHOU-FLEUR SICILIEN

Ingrédients: 375 ml (½ tasse) de chou-fleur

15 ml (1 c. à soupe) de blanc de poireau

15 ml (1 c. à soupe) de piment vert coupé en dés

½ gousse d'ail hachée

1 tomate en conserve écrasée

Une pincée de basilic

Une pincée d'origan

Sel et poivre

Préparation: • Laver les bouquets de chou-fleur et les mettre dans un plat pour micro-ondes.

• Ajouter tous les autres ingrédients.

• Saler très peu et poivrer.

• Mélanger le tout.

• Cuire à couvert à Cuisson-Temps pendant 4 minutes à code 10 (TEMPÉRATURE ÉLEVÉE).

• Laisser reposer 2 minutes.

• Servir.

PÊCHE AVEC PURÉE DE FRAISES

Ingrédients :   1 pêche fraîche

3 fraises réduites en purée

½ sachet d'Egal

15 ml (1 c. à soupe) de yogourt nature

Préparation : ● Couper la pêche en tranches et la déposer dans une assiette à dessert.

● Mélanger la purée de fraises avec le sachet d'Egal et le yogourt.

● L'ajouter aux morceaux de pêche.

● Servir.

FLÉTAN ANACAPRI

Ingrédients: 115 g (4 oz) de flétan

15 ml (1 c. à soupe) d'oignon haché

2 ml (½ c. à thé) de persil haché

2 ml (½ c. à thé) de zeste de lime et de citron

Sel et poivre

Jus de lime

Jus de citron

Tranches de citron et de lime

Préparation: • Dans un plat pour micro-ondes, déposer le flétan.

• Ajouter l'oignon, le persil, le zeste, le jus et le poivre.

• Saler très peu et mettre 1 tranche de lime et de citron.

• Cuire à couvert à Cuisson-Temps pendant 2 minutes à code 10 (TEMPÉRATURE ÉLEVÉE).

• Servir avec des rondelles de citron et de lime.

CAROTTES
AU THYM

Ingrédients: 250 ml (1 tasse) de carottes en rondelles

1 échalote verte hachée

5 ml (1 c. à thé) de thym

60 ml (¼ tasse) d'eau

Sel et poivre

Préparation: • Peler les carottes et les couper en rondelles.

• Déposer dans un plat pour micro-ondes.

• Ajouter l'échalote, le thym et l'eau.

• Saler très peu et poivrer.

• Cuire à couvert à Cuisson-Temps pendant 6 minutes à code 10 (TEMPÉRATURE ÉLEVÉE).

• Laisser reposer 2 minutes.

• Servir.

MOUSSE À LA RHUBARBE

Ingrédients :
250 ml (1 tasse) de rhubarbe

1 blanc d'œuf

1½ sachet d'Egal

1 goutte de vanille

3 ml (¾ c. à thé) de gélatine sans saveur

15 ml (1 c. à soupe) d'eau froide

125 ml (½ tasse) d'eau chaude

Préparation :
- Cuire la rhubarbe avec 1 sachet à Cuisson-Temps pendant 3 minutes à code 10 (TEMPÉRATURE ÉLEVÉE).
- Réduire en purée et ajouter la vanille.
- Pendant ce temps, faire gonfler la gélatine avec l'eau froide.
- Dissoudre avec l'eau chaude.
- Mélanger la rhubarbe avec la gélatine.
- Faire prendre à moitié au réfrigérateur.

RÉGIME 1200 CALORIES

- Monter le blanc d'œuf en neige avec le demi-sachet d'Egal.

- Mélanger la gélatine à demi prise au blanc d'œuf.

- Déposer dans une coupe à dessert et réfrigérer 2 heures avant de servir.

DÎNER

Steak à l'italienne
Salade de carottes
Poire au vin rouge

SOUPER

Quiche aux légumes
Meringue de bleuets

STEAK À L'ITALIENNE

Ingrédients: 115 g (4 oz) de steak minute

30 ml (2 c. à soupe) de sauce tomate

15 ml (1 c. à soupe) de fromage mozzarella partiellement écrémé

1 ml (¼ c. à thé) de moutarde sèche

2 ml (½ c. à thé) d'assaisonnement à l'italienne

2 ml (½ c. à thé) de vin blanc

2 champignons émincés

Sel et poivre

Préparation:
- Couper la viande en lanières et la déposer dans un plat pour micro-ondes.
- Ajouter les autres ingrédients sauf le sel.
- Cuire à couvert à Cuisson-Temps pendant 4 minutes à code 10 (TEMPÉRATURE ÉLEVÉE).
- Saler très peu et poivrer.
- Servir.

SALADE DE CAROTTES

Ingrédients: 250 ml (1 tasse) de carottes râpées

1 échalote verte hachée

15 ml (1 c. à soupe) de jus de citron

Sel et poivre

Persil

Préparation: • Peler et râper les carottes.

• Ajouter l'échalote verte et le jus de citron.

• Saler très peu et poivrer.

• Décorer d'un bouquet de persil.

POIRE AU VIN ROUGE

Ingrédients: 1 poire

Jus de citron

Cannelle

15 ml (1 c. à soupe) de vin rouge

½ sachet d'Egal

Préparation: • Peler, vider et émincer la poire.

• Déposer dans un petit plat pour micro-ondes.

• Arroser de jus de citron et de vin rouge.

• Saupoudrer de cannelle et d'Egal.

• Cuire sans couvrir à Cuisson-Temps pendant 1 minute à code 10 (TEMPÉRATURE ÉLEVÉE).

• Réfrigérer 30 minutes.

• Servir.

QUICHE AUX LÉGUMES

Ingrédients: 2 oeufs

30 g (1 oz) de fromage suisse râpé

250 ml (1 tasse) de brocoli et de chou-fleur

2 champignons émincés

15 ml (1 c. à soupe) d'oignon haché

Paprika

Sèl et poivre

Préparation: • Laver les bouquets de chou-fleur et de brocoli et déposer dans un plat pour micro-ondes.

• Cuire à couvert à Cuisson-Temps pendant 2 minutes à code 10 (TEMPÉRATURE ÉLEVÉE).

• Dans un petit bol, mélanger les oeufs, le fromage, l'oignon émincé et le paprika.

• Saler très peu et poivrer.

• Déposer tous les légumes dans un plat à quiche.

• Verser sur le dessus le mélange fait avec les oeufs.

• Cuire sans couvrir à Cuisson-Temps pendant 2 minutes à code 10 (TEMPÉRATURE ÉLEVÉE).

• Servir.

MERINGUE DE BLEUETS

Ingrédients: 125 ml (½ tasse) de bleuets

1 sachet d'Egal

1 blanc d'œuf

Préparation: • Monter le blanc d'œuf en neige jusqu'à l'obtention d'un pic ferme.

• Ajouter le sachet d'Egal.

• Mélanger délicatement aux bleuets.

• Mettre dans une coupe à dessert.

• Servir.

DÎNER

Steak Isabelle
Courgettes Laurentine
Pruneau image

SOUPER

Saumon aux crevettes
Salade de tomate à l'échalote
Framboises sur un nuage

STEAK
ISABELLE

Ingrédients :   115 g (4 oz) de steak (faux filet)

22 ml (1½ c. à soupe) de yogourt nature

3 ml (¾ c. à thé) de moutarde de Dijon

2 ml (½ c. à thé) de vinaigre de vin

1 échalote verte hachée

1 petit cornichon haché (dill)

1 goutte de sauce Worcestershire

Sel et poivre

1 cornichon (dill) (facultatif)

Préparation : • Parer le steak et enlever le surplus de gras.

• Déposer dans un plat pour micro-ondes muni d'une grille afin d'empêcher la viande de cuire dans son jus.

• Cuire à Cuisson-Temps pendant 30 secondes à 1 minute à code 10 (TEMPÉRATURE ÉLEVÉE) dépendant de la cuisson désirée.

RÉGIME 1200 CALORIES

SAUCE

Préparation : • Dans un petit bol, mélanger le yogourt, la moutarde, le vinaigre de vin, l'échalote, le cornichon et la sauce Worcestershire.

• Saler très peu et poivrer.

• Cuire à Cuisson-Temps pendant 10 à 15 secondes à code 10 (TEMPÉRATURE ÉLEVÉE).

• Servir avec le steak et le cornichon coupé en éventail.

COURGETTE LAURENTINE

Ingrédients: 250 ml (1 tasse) de courgette coupée en cubes

60 ml (¼ tasse) de carotte râpée

½ gousse d'ail

15 ml (1 c. à soupe) d'oignon haché

1 tomate en conserve écrasée

1 ml (¼ c. à thé) de thym

Sel et poivre

Persil haché

Préparation: • Laver et couper la courgette.

• Déposer dans un plat pour micro-ondes.

• Ajouter les autres ingrédients.

• Saler très peu et poivrer.

• Mélanger le tout.

• Cuire à couvert à Cuisson-Temps pendant 4 minutes à code 10 (TEMPÉRATURE ÉLEVÉE).

• Laisser reposer 2 minutes.

• Saupoudrer de persil et servir.

PRUNEAU
IMAGE

Ingrédients :   1 pruneau sec

½ pomme

22 ml (1½ c. à soupe) de jus d'orange

2 ml (½ c. à thé) de zeste d'orange

½ sachet d'Egal

Préparation : • Peler la pomme, la vider et l'émincer.

• Déposer dans un petit plat pour micro-ondes.

• Arroser de jus d'orange.

• Ajouter le zeste d'orange et l'Egal.

• Hacher le pruneau en petits dés et le mettre sur la pomme.

• Cuire à couvert à Cuisson-Temps pendant 1 minute à code 10 (TEMPÉRATURE ÉLEVÉE).

• Refroidir et servir.

SAUMON AUX CREVETTES

Ingrédients :
100 g (3½ oz) de darne de saumon

15 g (½ oz) de crevettes

15 ml (1 c. à soupe) de jus de citron

15 ml (1 c. à soupe) d'eau

5 ml (1 c. à thé) de vin blanc

1 échalote verte hachée

1 ml (¼ c. à thé) de thym

2 ml (½ c. à thé) de persil haché

1 ml (¼ c. à thé) de fécule de maïs

Sel et poivre

Préparation :
- Déposer dans un plat pour micro-ondes la darne de saumon et les crevettes.
- Ajouter les liquides, l'échalote et les fines herbes.
- Cuire à couvert à Cuisson-Temps pendant 3 minutes à code 10 (TEMPÉRATURE ÉLEVÉE).

RÉGIME 1200 CALORIES

- Retirer le saumon et les crevettes.
- Saler très peu et poivrer le jus de cuisson.
- Y ajouter la fécule de maïs délayée dans 1 ml (1 c. à thé) d'eau froide et mélanger.
- Cuire à Cuisson-Temps pendant 30 à 40 secondes à code 10 (TEMPÉRATURE ÉLEVÉE).
- Napper le saumon.
- Servir.

SALADE DE TOMATE À L'ÉCHALOTE

Ingrédients: 1 tomate fraîche

1 échalote verte hachée

5 ou 6 belles feuilles d'épinard équeutées

2 ml (½ c. à thé) de basilic

Sel et poivre

Préparation: • Laver les feuilles d'épinard, les assécher et les déposer sur une assiette.

• Laver la tomate et la couper en tranches.

• Mettre sur les épinards.

• Saupoudrer avec l'échalote hachée et le basilic.

• Saler très peu et poivrer.

• Servir avec vinaigrette basses-calories (quantité: 22 ml (1½ c. à soupe).

RÉGIME 1200 CALORIES

VINAIGRETTE

Ingrédients: 45 ml (3 c. à soupe) de jus de tomate

22 ml (1½ c. à soupe) de jus de citron

22 ml (1½ c. à soupe) de vinaigre de vin

5 ml (1 c. à thé) d'estragon

5 ml (1 c. à thé) de sauce soya

¼ de gousse d'ail hachée

1 pincée d'Egal

15 ml (1 c. à soupe) d'oignon haché

1 ml (¼ c. à thé) de moutarde de Dijon

Sel et poivre

Préparation: • Mélanger tous les ingrédients.

FRAMBOISES SUR UN NUAGE

Ingrédients: 175 ml (¾ tasse) de framboises

3 ml (¾ c. à thé) de gélatine sans saveur

15 ml (1 c. à soupe) d'eau froide

125 ml (½ tasse) d'eau chaude

1½ sachet d'Egal

1 blanc d'œuf

Préparation:
- Faire gonfler la gélatine dans l'eau froide.
- Faire dissoudre la gélatine et 1 sachet d'Egal dans l'eau chaude.
- Ajouter les framboises et réfrigérer jusqu'à consistance ferme, soit 2 à 3 heures.
- Monter le blanc d'œuf en neige et ajouter le demi-sachet d'Egal.
- Mettre la meringue obtenue dans une assiette à dessert.
- Couper la gelée en cubes et déposer sur le blanc d'œuf.
- Servir.

INDEX DES RECETTES

RÉGIME DE 500 CALORIES

Aiglefin bonne-femme, 52
Asperges flamandes, 60
Bœuf à la cantonaise, 75
Bœuf aux légumes, 42
Brochette de veau, 46
Brochette surprise, 29
Brocoli au citron, 71
Céleri en jardinière, 54
Chou farci, 79
Chou-fleur à la ciboulette, 77
Chou-fleur à l'italienne, 93
Choux de Bruxelles à l'ail, 95
Cocotte de poulet vania, 24
Consommé à l'échalote, 81
Coquille Saint-Jacques, 87
Courge à spaghetti Alfonso, 102
Courgette farcie milanaise, 68
Crème de tomate, 56
Crème du Barry, 84
Crevettes créoles, 97
Escalope de veau au paprika, 86
Filet de sole en verdure, 73
Foie de veau aux légumes, 34
Haricots jaunes aux herbes, 35
Haricots verts à l'ail, 89
Haricots verts à la tomate, 32
Morue pochée sauce aux champignons, 94
Oeuf poché à la florentine, 36
Piment farci, 65
Poulet à l'estragon, 63
Poulet Alexandra, 39
Poulet au vinaigre, 70
Quiche aux fruits de mer, 30

Salade de champignons, 99
Salade de concombre, 25
Salade d'épinards, 64
Salade de radis, 27
Salade de tomate, 41
Salade saisonnière, 51
Sauce à spaghetti, 100
Sauce flamande, 61
Sole niçoise, 82
Sole Doria, 57
Sauce rosée, 58
Soupe au chou, 49
Soupe au poulet, 44
Steak à la chinoise, 26
Steak au poivre, 59
Steak haché lyonnaise, 91
Steak haché surprise, 50
Tomate farcie au thon, 45

RÉGIME DE 800 CALORIES

Aiglefin au céleri, 157
Asperges au gratin, 135
Aubergine torino, 183
Bifteck suisse, 105
Blanquette de veau, 116
Brochette de foie de poulet, 142
Brocoli au gratin, 155
Cantaloup au coulis de fraises, 143
Chop suey au poulet, 131
Chou braisé, 179
Choux de Bruxelles forestière, 175
Compote de prunes, 115
Compote de Rougemont, 159
Concombre au yogourt, 150
Confiture de rhubarbe, 141
Cornes de cantaloup, 111

Courge spaghetti à la bulgare, 140
Courgette niçoise, 106
Crevettes en salade, 147
Délice glacé aux framboises, 107
Escalope de veau parmesan, 178
Filet de sole dieppoise, 124
Foie de veau au blanc de poireau, 149
Fraises en sabayon, 132
Fraises en sirop, 151
Gelée à l'orange, 136
Goulache, 165
Julienne de légumes Madeleine, 125
Kiwi en mousse, 126
Légumes à l'orientale, 118
Morue bergeronne, 133
Mousse Niagara, 176
Omelette à l'espagnole, 153
Omelette aux champignons, 110
Orange adéloise, 120
Pain de viande à l'italienne, 173
Pamplemousse au four, 156
Pêche au yogourt, 164
Pétoncles du gourmet, 113
Piment aux fruits de mer, 162
Pizza aux légumes, 114
Poire aurore, 180
Pomme au four, 148
Poulet à l'orange, 169
Poulet Maria, 127
Poulet farci, 181
Ragoût de boulettes, 138
Ratatouille niçoise, 171
Salade de chou et de mandarine, 166
Salade de chou rouge, 129
Salade de fruits maison, 184
Soupe à l'oignon, 161
Soupe au brocoli, 145
Soupe à la courge et au poulet, 122
Soupe aux légumes, 108
Tomate au four, 158

RÉGIME DE 1000 CALORIES

Abricot farci, 244
Assiette de fruits au fromage, 224
Bleuets au yogourt, 227
Bœuf bourguignon, 257
Bœuf braisé à l'oignon, 250
Bœuf Strogonoff, 217
Bouillon de bœuf, 225
Brochette de légumes, 214
Brochette de steak haché, 196
Brocoli à l'italienne, 255
Champignons au jus, 219
Champignons farcis, 230
Chou à la pomme, 251
Choux de Bruxelles à l'échalote, 223
Chou-fleur au gratin, 193
Chou-Fleur mariné, 234
Cocktail de crevettes, 229
Compote d'abricot et de poire, 249
Courgette au gratin, 207
Crème de champignons, 238
Croquette de veau, 191
Croustillant aux pommes, 260
Darne de saumon à l'aneth, 253
Épinards au jus, 248
Fenouil braisé, 209
Filet d'aiglefin à l'orange, 189
Filet de poisson aux raisins verts, 205
Flétan aux épinards, 200
Foie de veau pékinois, 208
Framboises en gelée, 203
Framboises surprise, 241
Gaspacho, 187
Gelée de poire, 236
Gratin d'épinards, 239
Haricots jaunes persillés, 198

Haricots verts à la lyonnaise, 190
Jus de légumes Tania, 242
Mousse aux pommes, 216
Omelette aux fines herbes, 222
Omelette printanière, 243
Osso Bucco, 232
Pêche au vin blanc, 231
Pêche melba, 210
Poire du Lac Saint-Jean, 211
Poulet à la cantonaise, 246
Poulet chasseur, 213
Pruneau à l'orange, 256
Rhubarbe aux fraises, 194
Salade César, 202
Salade niçoise, 226
Sauce à l'aneth, 254
Sorbet à l'orange et au pamplemousse, 199
Tomate provençale, 259

RÉGIME DE 1200 CALORIES

Ananas au yogourt, 284
Aubergine surprise, 289
Blanc manger aux bleuets, 271
Bœuf aux carottes, 273
Brochette de fruits de mer, 264
Brochette de poulet teriyaki, 301
Carottes au thym, 322
Céleri au yogourt, 302
Chou-fleur sicilien, 319
Choux de Bruxelles au yogourt, 278
Consommé brunoise, 285
Courgettes Laurentine, 334
Coq au vin, 295
Côtelettes de veau à l'orange, 287
Crudités à la trempette, 308
Endives gratinées, 274

Flétan anacapri, 321
Foie de veau au basilic, 303
Framboises sur un nuage, 340
Fruits boule de neige, 266
Gelée de fraises au yogourt, 310
Haricots jaunes à la provençale, 313
Homard bouilli, 292
Macédoine persillée, 283
Melon picolo, 298
Melon miel et fraises, 275
Meringue de bleuets, 330
Morue aux légumes, 276
Mousse à la rhubarbe, 323
Mousse au citron, 314
Omelette aux courgettes, 307
Pâté chinois, 267
Pêche avec purée de fraises, 320
Poire au clou de girofle, 280
Poire au vin rouge, 328
Potage cultivateur, 263
Potage parisien, 300
Poulet aux légumes, 317
Pruneau image, 335
Purée de navet, 297
Quiche aux légumes, 329
Salade de carottes, 327
Salade d'endives et de concombres, 269
Salade d'épinards et de mandarine, 293
Salade de tomate à l'échalote, 338
Salade Louise, 304
Saumon aux crevettes, 336
Sorbet au cantaloup et à la lime, 305
Steak à l'italienne, 326
Steak Isabelle, 332
Truite au fenouil, 282
Veau marengo, 311

Marquis imprimeur inc.

Québec, Canada
2009